若手教師を育てるマネジメント

―新たなライフコースを創る指導と支援―

大脇康弘[編著]

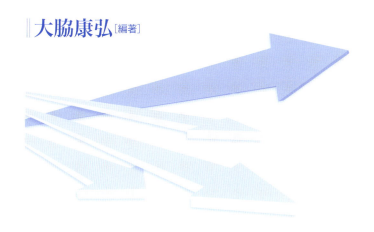

ぎょうせい

はじめに

　若手教師の成長を願い、教育実践者として確かな基盤を形成すること
を願って、『若手教師を育てるマネジメント』を編集しました。

　大量採用時代になって、学校には20代、30代前半の若手教師が半
数を超えるようになりました。教師が世代交代して若返る一方で、教育
実践と学校づくりの経験の継承が難しくなり、日常的な問題対応は増え
てきています。校長・教頭は、学年編成・学級担任配置の工夫をはじめ、
若手教師の授業実践、学級づくり、保護者対応について目配りし、必要
に応じて指導助言、育成支援を心掛けています。

　今日の学校は、新学習指導要領の「社会に開かれた教育課程」をはじ
め、三つの中央教育審議会答申「チームとしての学校」「コミュニティ・
スクール」「教員の資質能力向上」で提起された教育課題に対応するこ
とを求められています。若手教師は即戦力となるだけでなく、新たな教
育課題を担う未来人材として期待されています。

　さらに、教員育成協議会によって教員育成指標が作成され、教師のライ
フステージを見通した教員研修計画が実施されようとしています。

　本書は、こうした変革期において校長・教頭が、若手教師を育成する
枠組み・戦略と具体的方法を提案します。特に、教師のライフコース（教
職経験の軌跡と生き方）というロングスパンの視野をもちながら、若手
教師が成長する道筋を見定め、その育成と支援を考えていきます。その
際、教職経験を指標に若手教師を1〜3年の初任教師、3〜5年の若手
教師、5〜10年の若手教師の三つに焦点を当てて、「初任」「3年目」「ミ
ドルに向かう時期」に分けて論じています。

　教師の実践力については、「学級経営力」「授業を創る力」「保護者対
応力」の3領域に分けて（第3章、第4章、第5章）扱っています。こ
れらは、教職経験豊富で若手育成に実績をもつスクールリーダーが担当
し、リアルで具体的な内容になっています。

若手教師を育てる視点と戦略について、教師のライフコース、教師文化、カリキュラム・マネジメントの視点から（第1章、第2章、第6章）扱っています。これは、学校現場に関わりが深い研究者が担当し、理論と実践を関係付けながら論じています。

　第7章では、各学校、各地域における若手教師育成の取組をスクールリーダーが報告し、研究者がその意義と特徴をまとめています。

　第8章では、ケースメソッド（ケース討議法）の実践を報告し、スクールリーダーが実践事例に即して当事者としていかに意思決定するかの学習法を論じています。ケース教材として「新任教師の育成」を掲載しています。

　本書の特徴と独自性は次の点にあります。

1．教師のライフコース研究を踏まえて、若手教師の育成について「初任」「3年目」「ミドルに向かう時期」に分けて述べます。

2．若手教師の実践力について、「学級経営力」「授業を創る力」「保護者対応力」の3領域に分けて論じます。

3．学校マネジメント研究を踏まえて、学校経営、教師文化、校内研修体制という広がりにおいて若手教師の育成を考察します。

4．若手教師の育成について、特色ある学校、地域、教育委員会などの事例を報告します。

5．ケースメソッド学習法を紹介し、スクールリーダーの意思決定力を高める教育法を提起します。

　これらは、若手教師の育成について校長・教頭の実践指針となり、具体的方法について示唆するところが大きいと考えます。また、若手教師自身にとっても自らのライフコースを考える上で、参照すべき点が多いと思います。

　本書の編集は㈱ぎょうせい企画課の萩原和夫氏、浜中陽子氏にご尽力いただき、独自の本づくりができました。ここに記して感謝します。

編著者　大脇康弘

目　次

はじめに

第1章 ■ 若手教師を育てる視点と方略

……………………………………………… [大脇康弘]

第1節　若手教師への着目　2

第2節　大量採用時代の若手教師　6

第3節　教師のライフコースを考える　10

第4節　若手教師の特徴と力量形成　18

第5節　若手教師が「経験を通して学ぶ」　21

第2章 ■ 教師文化をつなぎ創造する人材育成

……………………………………………… [末松裕基]

第1節　教師文化の不易と流行　28

第2節　これからのOJTの基本的な視点　33

第3節　個を伸ばす手立てとは　36

第4節　組織マネジメントからみた若手の戦力化　40

第5節　管理職は若手に何を語るか　43

第6節　若手の人材育成と学校組織の未来　46

第3章 ■ 学級経営力を高める

……………………………………………… [中山大嘉俊]

第1節　キャリアステージに応じた学級経営力　50

第2節　学級経営の基礎と1年間を通した学級経営の実際　54

第3節　子供への理解と対話のポイント　62

第4節　学級経営力の向上のための校内体制　67

i

目　次

●コラム　中学校の生徒指導力を高める　72
　　　　　　　　　　　　　　　　　　　　　　　　　　　　　［木田哲生］

第4章■授業を創る力の育成
　　　　　　　　　　　　　　　　　　　　　　　　　　　　　［岸田蘭子］

第1節　教師にとっての授業を創る力　76

第2節　新学習指導要領で目指す授業づくりのために　78

第3節　おさえておきたい授業づくりの基礎技術　79

第4節　単元構想力を身に付ける　85

第5節　子供の学びを見取る目を育てる　91

第6節　授業研究で育つ若手教師　93

●コラム　教科指導力の基礎を創る　98
　　　　　　　　　　　　　　　　　　　　　　　　　　　　　［文田英之］

第5章■保護者への対応力を養う
　　　　　　　　　　　　　　　　　　　　　　　　　　　　　［太田洋子］

第1節　初任からミドルリーダーに向かうために身に付けておきたい
　　　　項目　102

第2節　第一印象を大切にした家庭訪問・懇談の手法　110

第3節　保護者の気持ちに寄り添った関わり方　116

第4節　チームによる保護者対応と危機管理　119

第5節　コミュニティ・スクールを活かした地域との関係づくり　123

第6章■若手を育てる校内体制
　　　　　　　　　　　　　　　　　　　　　　　　　　　　　［田村知子］

第1節　若手を育てる学校システムの構築　126

第2節　小規模校の若手育成　129

第3節　若手を生かし学校力を高めるリーダーの役割　131

第4節　カリキュラム・マネジメントの観点からみた若手育成　134

第7章 ■ 事例：若手育成のシステムと実践

総　説　若手育成システムの構築に向けた視点　148
....[大野裕己]

事例1　教師の力量と学校組織力の向上に向けた校内研修体制の構築
　　　　153
　　　　　　　　　　　　　◆滋賀県彦根市立城南小学校

事例2　高め合い、学び続ける「WTM」（若手つながります）
　　　　──組織的な若手教師育成システム　159
　　　　　　　　　　　　　◆滋賀県甲賀市立信楽中学校

事例3　コミュニティ・スクールを生かした人材育成　166
　　　　　　　　　　　　　◆山口県下関市立夢が丘中学校

事例4　組織構造の確立と若年教師等の育成における学校づくり　174
　　　　　　　　　　　　　◆兵庫県立小野工業高等学校

第8章 ■ ケースメソッド学習法

....[大脇康弘]

第1節　スクールリーダー教育とケースメソッド　182

第2節　ケースメソッド学習の特徴　184

第3節　ケースメソッドとの出会い　185

第4節　ケースメソッドの学習過程　188

第5節　スクールリーダー・セミナーの組み立て　190

第6節　スクールリーダーの学び　192

●「スクールケース」作成ガイドライン　197

●ケース教材：新任教師育成
　　　　──新任教師の学級崩壊をめぐる組織対応　198

iii

第1章
若手教師を育てる視点と方略

大脇康弘
関西福祉科学大学教授

第1章　若手教師を育てる視点と方略

第1節 ❖ 若手教師への着目

1　若手教師への期待

「教育は人なり」といいます。教育を担う教師の役割と責任は大きいのです。教師が力量を高め人間性を磨くためには、どのような道筋があるのでしょうか。端的に言えば、日々の教育実践を通して実践課題と向き合い、葛藤を経ながら問題解決するプロセスの中にあります。「経験を通して学ぶ」のが基本です。それは、教師の個人的営為であるとともに、同僚・先輩教師と連携し、助言や支援を受けながら取り組む集団的営為でもあります。教師は教師集団、学校文化、地域文化とつながる中で成長し力量形成していくのです。

学校現場はここ10年以上、世代交代の波にもまれています。大量退職・大量採用時代を経て、若手教師が増加し、20代、30代の教師が半数を超える学校も多くなってきました。若手教師は初々しさ、若々しさが感じられる一方で、少し気になる、心配な点も見受けられます。教師としての経験が浅く、授業実践、学級経営、保護者対応、職場の人間関係などがうまくいかず、壁にぶつかり悩んだり迷ったりすることもあります。また、若手教師本人は普通にやっているつもりでも、先輩教師からすると基礎・基本ができていないとみられることもあります。

当然のことながら、若手教師、特に新任教師が順調に仕事をこなすことは少なく、先輩教師や同僚に支えられ、助言や支援を得て取り組んでいます。校長・教頭は、若手教師に何とか頑張ってほしい、早く一人前になってほしいと願います。時には促成栽培的な育成法がないのかと考

2

えることもあります。若手教師への期待が大きい反面、その意識や行動について大丈夫かと不安に思うこともあります。

総じて、教師は日々の教育実践を通して、多様な経験を積み重ねることで、教育実践の基礎・基本、年間の取組、事務処理、体調管理などを身に付けていきます。時間をかけて教職経験を重ね、自分なりの教育実践スタイルと信念を形成していくのです。

2　若手教師とは

新たに教師になった者が、若手教師を経て、中堅教師、ベテラン教師となる、その教師生活は40年近くに及びます。教師のキャリアでみると、一般教諭、省令主任（教諭充当職）、指導教諭・主幹教諭、教頭・副校長、校長（その他、指導主事）という職種・職位があります。大半の教員は教諭として教師生活を送ります。管理職コースを歩む者は一部で、同一年齢教員の約3～6％です。

教師のライフステージを大まかに描くと、基礎をつくる若手教師期、拡張する中堅教師期、充実するベテラン教師期となります。この中で若手教師期はどのように力量形成し発達するのでしょうか。そして、校長・教頭は若手教師をどのように育成支援すべきか、考えてみたいと思います。

若手教師とは、教職経験1年～10年、年齢20代～30代前半までの教師を対象とします。ただし、近年はミドルリーダー層が多様化し、若年化する一方で、年長教師を含み込むようになってきました。教職経験10年未満、20代の教師でも、学年主任はもちろん、研究主任、生徒指導主事の役割を担うことが少なくありません。そのため、現在では、教職経験1年～5年程度、20代の教員を、若手教師とする限定的な用法もみられます。

本書の工夫として、教職経験を指標に、1～3年の初任教師、3～5

3

年の若手教師、5～10年の若手教師の三つに焦点を当てて、「初任」「3年目」「ミドルに向かう時期」と位置付けて論じることにします。

　なお、教師と教員の表記については、一般的には教師を使用し、教育法規や教育政策と関係する場合は教員を使用しますので、表記が混在することになります。専門用語として確定している用語はそれに準拠し、文献からの引用はそのままとします。

3　若手教師へのアドバイス書

　さて、若手教師に関する書籍をみると200冊以上が刊行されています。CiNii Books で検索すると、若手教師 48冊、若い教師 168冊、新任教師 70冊、新人教師 8冊、初任者教師 20冊がヒットします（2019年3月1日現在）。その多くは若手教師が直面する事例・場面を挙げて実践的対処法をアドバイスするものです。対象とする読者層は、若手教師とその育成に関わる校長・教頭、初任者指導教員などに分かれます。多数の書籍の中で、次の特徴ある3冊を取り出して紹介しておきます。

・河村茂雄編『若い教師の悩みに答える本―こんなとき、どうする？』学陽書房、2005年
・成田幸夫編『若い教師を育てる―各校で取り組む若手育成プラン』教育開発研究所、2006年
・野中信行著『困難な現場を生き抜く教師の仕事術』学事出版、2004年

　河村茂雄編は、若い教師の人間関係に焦点を当てて、子供、同僚・管理職、保護者、自分自身の4領域54事例を取り上げて、若手教師の悩みとその背景を分析し、基本に立ち返りながら実践的対応についてアドバイスしています。執筆者は編者のほか、現職の中堅教師で大学院で心理学を学んだ3名（当時）です。

　成田幸夫編は、校長・教頭、中堅教師など40名が学校で取り組む若

手教師育成プランを提示しています。若手教師の力量を高める視点から
指導力、コミュニケーション力、連携力、研究・研修力、およびアイデ
ア集の５領域50項目を取り上げて、具体的な育成法を「打つ手」とし
て示しています。

　野中信行著は、学級崩壊など困難な現場で生き抜くための知恵とわざ
を、ベテラン教師である筆者が若手教師に語りかけるスタイルで書かれ
ています。学級の仕組みをつくる、子供との距離の取り方、通じ合い、
仕事の処理法など、筆者の経験値を前面に押し出して論じています。

　取り上げた３冊は、大量退職・大量採用時代に入る時期に刊行された
もので、若手教師の成長を手助けし励ますものとなっています。

　本書は教職の基礎づくり期である若手教師を主対象に、その成長と育
成について考えますが、特に、教師のキャリア形成、ライフコース（教
職経験の軌跡と生き方）というロングスパンの視野をもちながら、若手
教師が成長する道筋を見定め、その育成と支援を考えていきたいと思い
ます。本書の試みは、若手教師及びその育成者へ実践的指針を示すとい
う短期的軸と、教師のライフコースを見通してロングスパンで若手教師
を位置付けるという中長期的軸を交錯させるところにあります。教師の
実践力については、〈授業を創る力、学級経営力、保護者対応力〉の３
領域に分けて、教職経験豊かな執筆者３名が論じます。また、教師文化
およびカリキュラム・マネジメントの視点から若手教師の育成を研究者
２名が論じていきます。さらに、各学校、各地域における特徴ある工夫
された取組を取り上げて報告していきます。つまり、個別具体的な事例・
場面に触れながらも、総合的・多面的視点から若手教師の育成を考えて
いきます。このことは、校長・教頭をはじめとするスクールリーダーの
実践指針となり、具体的に示唆するところが大きいと考えます。

　まず本章では、若手教師の量的・質的状況、期待される力量形成と発
達課題を考察して、若手教師を育成支援する視点と方略について考えて
みたいと思います。

第1章　若手教師を育てる視点と方略

第2節 ❖ 大量採用時代の若手教師

1　教員の大量採用時代

　公立学校の教員数（女性比）を校種別にみると（平成29（2017）年
5月1日現在）、小学校41万2000人（62.4％）、中学校23万3000人
（43.5％）、高等学校17万1000人（32.9％）、特別支援学校8万2000人
（61.4％）となっています。公立学校の新採用教員数をみると（平成29
年6月1日現在）、小学校1万5019人、中学校7751人、高等学校4827
人、特別支援学校2797人をはじめ、養護教諭、栄養教諭を含めると、
総数は3万1961人に上ります。女性比は、上記の教員数の比率と比べ
て小学校、中学校はほぼ同じ、高等学校、特別支援学校はやや高くなっ
ています。教員採用数が多い上位5県は、東京都2837人、大阪府1787
人、埼玉県1781人、愛知県1470人、千葉県1454人です。関東、関西、
中部の大都市を抱える県が大量採用しています。

　教員採用の競争率（倍率）の全国平均は、小学校3.5倍、中学校7.4倍、
高等学校7.1倍、特別支援学校3.8倍と高い状態にあります。ただし、教
員採用の競争率（倍率）は低下傾向にあり、欠席者等を除く「実質競争
率」が2倍を切る県市が出てきています。「倍率が3倍を切ると、質の
低下が生じ、2倍を下回ると適格性欠如で退職者が出てくる」「3倍以
上の競争率の確保、志願者数の確保」が至上命題であると、ある教育長
（当時）が明言しています[1]。近年、新採用者の中に教師としての資質
能力が十分でない者が含まれていると考えられます。

2 「フラスコ型」教員構成へ

　教員の世代交代が急速に進んでいます。年長教員が定年退職し若手教員が大量採用されることによって、20代、30代の教員が増加してきています。図1は、東京都公立学校の教員年齢構成（平成29（2017）年度）を示したものです。小学校では、20代30代教員が大きな山を形成しているのに対して、中学校では、20代30代の山と50代の大きな山がみられます。高等学校では、50代の山が大きくなっています。校種による違いがみられますが、小学校、中学校、高等学校の順に、教員の世代交代が進み、若年化してきています。

　教員の年齢構成の変化を大都市圏を中心に整理すると、2000年代初頭には、40代50代の年長教員が大半を占めて、20代30代教員が少数である「ワイングラス型」の年齢構成でした。教員採用数が少ないため、30代後半、教職経験10年を超える教員でも当時は「若手」と呼ばれていました。教員が高齢化し、学校は落ち着いてはいますが若さと活気に欠ける面がありました。

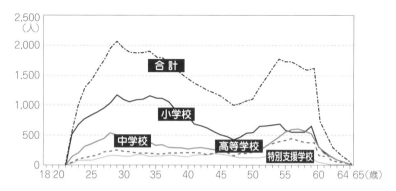

図1　東京都公立学校の教員年齢構成　平成29（2017）年度
（出典）www.kyoinsenko-metro-tokyo.jp/

第1章　若手教師を育てる視点と方略

　平成17（2005）年以降、大都市部を中心に教員の大量採用時代が始まり、年々新任教員が職場に入ってきました。このため、50代教員の塊りと、20代30代教員の塊りに挟まれて、30代後半から40代が少数である「ふたこぶラクダ型」「ダンベル型」となってきました。その後も、若手教員が増加することによって、現在は、20代30代教員が6割を超えるほど若年化が進んできています。つまり、若手教員の大きな塊りと年長教員の塊りに挟まれて、40代の薄さが目立つ「フラスコ型」へと変化してきたのです。

　この世代交代はまず小学校段階から始まり、中学校、高校へと進んできました。しかも、全国一律ではなく、過疎・過密化のなかで大都市圏では急激に進行し、それに続いて地方県では緩やかに進んでいます。

　潮木守一は「都道府県別小・中学校教員推計」を行い、教員の需給関係を踏まえて教員養成問題を論じています[2]。潮木は、教員採用数を2005年～2020年（16年間）で推計していますが、採用数平均値の25％を超えるか超えないかを指標に、増減のカーブの形、長さ、ピークやボトムに達する時期を総合して、教員採用数の変化を次の4タイプに分類しています。

表1　教員需要の変動タイプ

A. 急増急減型 （11都府県）	東京、神奈川、埼玉、千葉、愛知、三重、大阪、兵庫、京都、滋賀、奈良
B. 安定型 （15県）	青森、岩手、宮城、群馬、長野、山梨、静岡、岐阜、富山、石川、福井、和歌山、岡山、広島、徳島
C. 後期増加型 （18県）	秋田、山形、福島、新潟、茨城、栃木、鳥取、島根、山口、香川、愛媛、高知、福岡、長崎、佐賀、熊本、大分、宮崎
D. 減少型 （3道県）	北海道、鹿児島、沖縄

　これは推計値であるため、実際には退職者、再任用、講師採用などの要因が関係して必ずしも実績値と合致するわけではありません。教員の

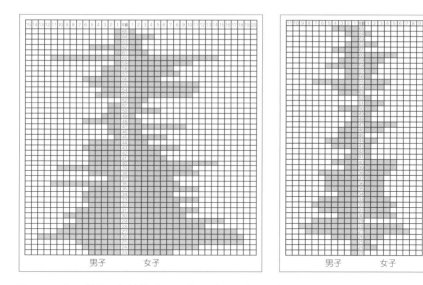

図2　Y市の教員の年齢構成　平成30（2018）年（左：小学校、右：中学校）

　世代交代は学校教育の変動要因となりますが、とりわけ「急増急減型」の都府県が急激で大規模な変動に直面してきました。

　図2は、関西の大都市部に位置するY市における教員の年齢構成を、小学校（特別支援学校を含む）・中学校別（男女別）に示したものです。形状の違いがみられますが、総じて「フラスコ型」の年齢構成といえるでしょう。小学校教員の平均年齢は39.6歳、中学校教員のそれは41.2歳です。男女比をみると、小学校は38:62、中学校は58:42となっています。

3　若手教師の育成

　さて、X市立M小学校（仮称）をのぞいてみると、全校26学級（通常学級22学級、特別支援学級4学級）、児童数約700名を超える大規模校です。校区は、都市部にあって商工業地域と大規模集合住宅があり、多様な職業・階層から構成されています。教員数は40名で、内訳は20

代12名、30代14名、40代5名、50代8名（校長・教頭を含む）、60代
1名（再任用）となっています。20代、30代が6割を占め、40代が少
ない状況にあります。初任者研修の拠点校であるため、毎年度新採用教
員が数名配属されています。

こうした教員の年齢構成の変動は、学校経営上、教員の人材配置と人
材育成、組織運営の管理、危機管理にわたって影響し、校長・教頭が配
慮し対応すべき課題は少なくありません。具体的に列挙すると、次のよ
うになります。

① 新任教員の職場適応を図り、授業づくり・学級づくりを指導し支援
する。

② 学年団の編成を工夫し、学年経営を支援指導する。

③ ミドルリーダー層を育成し、人材登用する方策を打つ。

④ 指導主事や管理職の候補者を見定めて育成していく。

⑤ 産休・育休、病休教員の代替講師を確保する。

若手教員が増加し多数を占める時代において、学校の人材育成という
視点から短期的課題とともに、中長期的課題について考えてみたいと思
います。

第3節 ❖ 教師のライフコースを考える

1 教職の特徴

教師の仕事は多様で複雑であり、校種、学校、地域の文脈に規定され
ていますが、次のように把握できます。学校の活動別にみると、①授業、
学級経営、生徒指導、クラブなど教育活動、②教務、生徒指導、進路指

導、研修、総務、渉外などの分掌校務活動、③職員会議、企画運営委員会、各種委員会・プロジェクトなどの学校運営活動という３種に分類できます。実に多種多様な種類の活動があります。主たる活動の場は教室と職員室であり、児童生徒、教師、保護者、学校関係者との人間関係の中で取り組まれます。

　教職の特徴は、第一に、学級制を軸にした「個業性」です。１人の教師が各教室で40人弱の児童生徒を対象に行う教育活動が基礎単位となります。日常的に１人で計画・実施・評価することが基本であり、授業、生徒指導はその時々に判断し実践しなければなりません。教師の自律性・裁量性に委ねられています。この個業性を枠付け支えるものとして、学年団・教科会をはじめ、分業・協業制が組織されています。さらには、学習指導要領、検定教科書をはじめとする法制度が外形を形づくっています。つまり一般企業の社員が集団の一員として分業・協業制で組織されているのに対して、教師は個業を基本に分業・協業制が組織されています。

　第二に、仕事の「無境界性」です。教師が取り組む仕事はどこまでの範囲をどの程度まで取り組めば終わりであるという境界が線引きできません。授業づくりのための教材研究はここまでやればよいという境界はなく、生徒指導はこれで十分ということはありません。この無境界性は、教師がどのような実践課題を引き受けて、いかに取り組むかという主体性の在り様に関わってきます。他方で、職務の多忙化を抑えるためには、職務領域・内容を明確に線引きする行政判断が求められます。

　第三に、仕事の「多元性」と「複線性」です。教師は多様な種類の仕事を、同時に並行して担っており、特定業務に専念することが難しく、予期せぬ事態への対応を迫られることも少なくありません。仕事内容の多元性と仕事時間の複線性が特徴なのです。

　第四に、仕事の「不確実性」です。教育内容の選択、教育方法の選択、指導法の選択についてどれがよいかは一義的に決めることができませ

第1章　若手教師を育てる視点と方略

ん。教師はジレンマの状況に直面し、葛藤に対処することが求められます。

　教職の特性を個業性、無境界性、多元性と複線性、不確実性として把握しましたが[3]、一人一人の教師がこれとどのように向き合い、教育実践を展開するかが、問われてきます。

2　教師のライフコースを見通す

　教師のライフコースとは「教育実践の軌跡と生き方」で、「教師の力量形成と発達」ですが、それは①力量形成、②キャリア形成、③教職アイデンティティ形成の三角形として把握できます。教師のライフコースは個人として、コーホートとして多種多様ですが、教育実践の特徴と教師の発達課題を基準に「キャリアステージ」を描くと、新任教師期・若手教師期、中堅教師期（ミドルリーダー期）、ベテラン教師期、（指導主事期）、教頭期、校長期となります。各時期・段階は教職経験年数・年齢、職位・職種を目安として、教育実践の課題と教師の発達課題の特徴を描くとすれば、次のようになります[4]。

表2　教師のライフコースの時期区分

a．新任教師期（1〜3年）	リアリティ・ショックと職場適応
b．若手教師期（3〜10年）	教育実践スタイルの獲得
c−1．中堅教師期（10〜20年）	マンネリ化と中年危機
c−2．スクールリーダー期	リーダーシップの形成（指導教諭、主幹教諭を含む）
d．ベテラン教師期（20〜37年）	役割の持続と再定義
＊管理職コースを選択した者	
e．指導主事期（30代後半〜40代前半）	行政職と教育職の葛藤
f．教頭期（40代後半〜50代）	職場のつなぎ役の困難さ
g．校長期（50代）	学校の統率者の役割と葛藤

（注）本書では、新任教師期と若手教師期を合わせて、若手教師期と呼ぶ。

第3節　教師のライフコースを考える

　新任教師期は、リアリティ・ショックを受けて、イメージと現実を結び直すことが不可避の課題です。授業づくりや子供との距離の取り方について、無我夢中で試行錯誤を行います。また、職場における人間関係をつくり、先輩教師から助言や支援を得るようになります。最初の3年間、初任校における仕事の仕方がその後の教師生活を大きく左右します。

　続く、若手教師期は、授業づくりや学級経営の年間の見通しが立ち、カンやコツが身に付いてきます。特に、児童生徒の理解が進み、つながりをもつ手立てが増えてきます。全体として、安定し自信をもつようになります。

　中堅教師期に入ると、一人前となりますが、多忙な毎日の中で授業や学級経営がマンネリ化し停滞しがちとなります。学級や教科から学年、校務分掌へと役割が広がることによって仕事量も増えてきます。他方、児童生徒との世代間ギャップ、教師としての役割の硬直化、家族・健康問題などで中年期の危機に直面する時期でもあります。

　ベテラン教師期の前後では、一教師として生きるか、それとも管理職コースを選ぶのかという選択を迫られます。多くは、一教師として学校の役割を担う道を選びます。少数者は、校長などの強い働きかけ、誘いによって、管理職コースを選びます。時には、指導主事として教育委員会に出向することもあります。

　以上の教師のライフコースはあくまで平均的な時期区分であり、全国109万人の教師にとって一つの指標にすぎません。教育政策をみると、教員研修が体系化され、さらに教員育成指標の策定によって、期待される教師像や在り方は標準化しシステム化されようとしています。中央教育審議会答申「これからの学校教育を担う教員の資質能力の向上について～学び合い、高め合う教員育成コミュニティの構築に向けて～」（平成27（2015）年12月21日）は、教師の養成・採用・研修をトータルに把握し、教員育成目標を策定し、教員の学びを支援することを提言しています。

第1章 若手教師を育てる視点と方略

　この答申では教師のライフステージを次の３段階に分けています。①
１～数年目：教師の基礎を固める時期、②中堅段階：「チーム学校」の
一員として専門性を高め、連携・協働を深める時期、③ベテラン段階：
より広い視野で役割を果たす時期（研修リーダーとして、管理職として
を例示）。新たな教員政策の展開を踏まえて、教師の役割と時期区分を
設定する動きとして注目されますが、①の第一段階が比較的短期間に設
定されています。

3　教育実践者としての基盤形成期：若手教師期

　さて、若手教師期に着目すると、教育実践者としての実践様式、協働
スタイルは、どんな初任校に勤務し、どんな教師に出会い、どんな教育
実践を行うかが大きく影響します。このことは、いくつもの実証的研究
で明らかにされてきました。例えば、藤沢伸介による「教師の力量形成
パターン」の研究成果をみると、初期、前期、中期、後期の四つに区分
されています[5]。

ａ．初期…手探り、試行錯誤を通して授業や学級経営をどうにかこなす。
　　学級の規律維持の方法を獲得し、理想を現実に合わせて再編成するこ
　　とが課題となる。

ｂ．前期…授業や学級経営の基本パターンを獲得（教師主導型で指導す
　　る方法・技術のまとまりができてくる、カン・コツ）、仕事（教務・
　　校務分掌）が能率的となり、学級以外にも視野を拡大し、活動を広げ
　　る。

ｃ．中期…教育実践のスタイル（基本パターン）を生徒（集団）等の実
　　情に応じて柔軟に適用し、必要に応じて修正する。
　　　→安定期：自信・満足を得る。教育実践や力量形成における自己の
　　課題を探求し、実践を対象化する。そうでない場合は、停滞やマンネ
　　リ化に直面する。

d．後期…パーソナリティを生かした独自の実践スタイルを獲得し完成
する。少数者は状況に応じて変幻自在にこなす。指導よりも経営管理
的業務を重視するようになり、管理職へと進む。

　一般に教師は経験を重ねることによって授業を円滑に進められるよう
になりますが、授業がマンネリ化したり仕事に対する熱意が失われるこ
ともあります。ごく一部の資質ある教師は、独自の授業スタイルを紡ぎ
出し、生徒に深みのある授業を提供できるようになります。他方、適性
を欠く教師は、授業を工夫する意欲を失い、生徒に高圧的になったり無
関心になったりするのです。

　各段階への移行は、教職経験年数1年、3～5年、10年、15年とい
う目安を挙げることもできますが、個人差が大きいといえます。力量を
広げていくことは容易ですが深まりを出していくことは難しく、創意工
夫がいります。また、学級・教科レベルから学年レベルまでの関心はあ
りますが、学校レベルの問題意識はもちにくく、組織リーダーの視野と
役割が育ちにくいのが現実です。

　ここでは、教育実践者として初期を経て、前期をいかに形づくるかに
注目します。教員としての基盤を形成する大事な時期です。若手教師と
して、子供と向き合い、授業づくり、学級づくりを通してどのような教
育経験を積むのか、子供の変容を肌で感じ教師としてのやりがいを感じ
取るのかです。それは教師として順調なスタートを切るよりも、むしろ
壁にぶつかりそれを乗り越えて初めて得られる「情動」が大きいのかも
しれません。校長・教頭はこのことを踏まえて、若手教師に対して助言・
援助・支援することが大事なのです。

4　教師に求められる資質能力像

　さて、教職を「対人関係専門職」と位置付けた今津孝次郎は、教師に
求められる資質・能力像を6層構成として図式化しています（図3）[6]。

第1章　若手教師を育てる視点と方略

資質と能力	内　　　容	外からの視察・評価	個別的・普遍的状況対応
能力 ↑ ↓ 資質	Ａ勤務校での問題解決と、課題達成の技能 Ｂ教科指導・生徒指導の知識・技術 Ｃ学級・学校マネジメントの知識・技術 Ｄ子ども・保護者・同僚との対人関係力 Ｅ授業観・子ども観・教育観の練磨 Ｆ教職自己成長に向けた探究心	易 ↑ ↓ 難	個別的 ↑ ↓ 普遍的

図3　教師の資質・能力の層構成
（出典）今津孝次郎『教師が育つ条件』岩波新書、p.64

　ここでは、Ｄの対人関係力、Ｅの教育観が独自に位置付けられ、Ｆの探究心がそれを支えていること、Ａの問題解決技能は、Ｂの教科指導・生徒指導、Ｃの学級・学校マネジメントの知識・技術を基礎としていることが理解できます。この教師の力量構造図は、優れた教師の育成だけでなく、指導力不足教員の研修にも応用できる点で有効です。

　若手教師に求められるのが、Ｂの教科指導・生徒指導、Ｃの学級・学校マネジメントの知識・技術とともに、Ｄの対人関係力です。新任教師は児童生徒との関係づくりをはじめ、家庭訪問、授業参観、保護者対応において、対人関係力が問われます。けれども、これは経験を通して試行錯誤も含めて膨らませていくもので、一挙に高めることはできません。多様な児童生徒、特に課題を抱える児童生徒への関わり、保護者とのつながりで、信頼関係をつくることが基礎となります。これには、実際場面に立ち合い肌で学ぶことが重要で、学年団の先輩教師、省令主任、校長・教頭などの協力が欠かせませんし、助言と支援が求められます。

　国レベルの教員政策を中教審答申を中心に見ておきたいと思います。中教審答申「今後の教員養成・免許制度の在り方について」（平成18（2006）年）は、「得意分野を持つ個性豊かな教員」を提起し、優れた

教師に必要な3要素として、①教職に対する強い情熱、②教育の専門家としての確かな力量、③総合的な人間力、を挙げています。

中教審答申「教職生活の全体を通じた教員の資質力量の総合的な向上方策について」（平成24（2012）年）は、「学び続ける教員像」の確立を提起し、「教職生活全体を通じて、実践的指導力等を高めるとともに、社会の急速な進展の中で、知識・技能の絶えざる刷新が必要であることから、教員が探究力を持ち、学び続ける存在であることが不可欠である」としています。

平成27（2015）年には、三つの中教審答申（「チームとしての学校」「コミュニティ・スクール」「教員の資質能力向上」）が同時に示されました。続いて平成29（2017）年には、「新学習指導要領」が公示され、知識基盤社会で予測困難な時代に生きる人間力を培うために「社会に開かれた教育課程」を打ち出しました。

中教審答申「これからの学校教育を担う教員の資質能力の向上について」（平成27（2015）年）では、「新学習指導要領」を先取りして教員に求められる資質能力を次の3点に整理しています。

①学び続ける力：これまで求められた資質能力に加えて、生涯にわたって学び続ける力、情報処理する力、知識を構造化する力。

②新教育課程の教育課題に対応できる力量：アクティブ・ラーニングの視点からの授業改善、道徳教育の充実、小学校における外国語教育の早期化・教科化、ICTの活用、発達障害を含む特別な支援を必要とする児童生徒等への対応など。

③チームとしての課題解決する力：「チーム学校」として、多様な専門性をもつ人材と効果的に連携・分担し、組織的・協働的に諸課題の解決に取り組む力。

この資質能力を育成するために、教員の養成・採用・研修を一体化した資質能力の向上を図ることを打ち出しています。

第1章　若手教師を育てる視点と方略

第4節 ◆ 若手教師の特徴と力量形成

1　若手教師の定義

　大量採用時代に入職した若手教師には、世代的にいくつかの特徴がみられます。まず、教職を積極的に志望し教員採用試験の受験勉強に励んだ者が多い。真面目で素直な者である一方、マイペースで、言われたことはするが、自主的に動かない。間違いや失敗を恐れて、挑戦したり試行錯誤することには積極的ではない。情報化社会に育ち、インターネット、SNSに慣れ親しんでいるが、コミュニケーション力が不足し対人関係を苦手とする。このように、若手教師もまた「ゆとり世代」「指示待ち」に共通する特徴が指摘されています。

　こうした若手教師が、教育実践者としてどのように基盤を築いていくのか、社会人としてどう成長するのかは、たやすい問題ではありません。初任者としての1年目、初任校で仕事の仕方を体得し、同僚と協働し、職場にいかに適応するかは、教師人生の分かれ目です。その際、初任者としての失敗は次のステップにつながり、乗り越えるべき壁は成長のカギでもあります。学級づくりがうまくいかない、授業が思うようにつくれないことを、同僚、先輩教員に相談し、助言、支援を得ながら乗り越えていくことが、次のステップにつながります。

　若手教師は同世代の平均的特徴を有していますが、大量採用者であるため多様であり違いも大きいのです。また、学校の文脈、すなわち教師集団の特徴、児童生徒の実態、保護者の意識や行動などとの関わりの中で、教育実践や課題対応がなされます。このため、ここでは類型化モデ

18

ルを仮設し、問題を整理したいと思います。

2　新任教師の職場適応

　若手教師（教職経験年数1～3年）の活動状況を類型化すると、ａ．順調型、ｂ．葛藤型、ｃ．混迷型、ｄ．基礎力不足型に分けられます。

ａ．順調型…大きな問題なく仕事に取り組み、次第に指導力を高めるタイプ

　教職に必要な能力とカン・コツをつかんでおり、要領よく仕事を取り運ぶことができる。児童生徒や同僚教師との人間関係も良好である。

ｂ．葛藤型…教育実践場面で自己の理想と現実とのギャップに直面し、葛藤するタイプ

　子供の指導、保護者との対応、学級経営や授業において、困難な場面に直面し、葛藤する。問題を見定め、どのように打開し問題解決するかのプロセスが大事である。

ｃ．混迷型…教育実践が思うように運べず、どうしてよいかわからなくなるタイプ

　当初は自分なりの理想ややりたいことに沿って取り組むが、思わぬ壁にぶつかり、関係教師の助言や支援を得ながらも次の見通しや感触がもてず、方向が定まらないまま自信を失い落ち込むことになる。

ｄ．基礎力不足型…基礎力が不足しているため、教育実践の取組がうまく運ばないタイプ

　大量採用者の中に一部であるが、含まれている。同僚教師の助言や支援が生かしにくく、問題解決の糸口を見つけにくい。ただし、本人が深刻な問題・状況と受け止めておらず、やり過ごそうとする場合もあるので要注意である。

　校長・教頭からすれば、若手教師が順調型で問題なく取り組んでくれることは有難いといえます。けれども、多くの教師は葛藤を経験します。

入職後にカルチャー・ショックを必ず経験しますが、その葛藤に立ち向かい解決するには、エネルギーと時間がかかります。また、近年は教員採用試験では高い評価を得ても、教育実践場面で深く落ち込んで立ち直りにくいケースがみられます。混迷型は、負のスパイラルに陥り、状況を冷静に見つめることができず、自分自身を見失って、見通しがもてなくなるケースであります。さらに、教師としての基礎力不足型はより深刻です。何とか1年、2年と過ぎても、指導力不足に陥る可能性が高いといえます。

3　教師の力量形成の条件

筆者は、教師の力量形成の要因・条件を次のように公式化しています。

> 教師の力量形成＝①個人の能力×②個人の主体性×③阻害要因×④促進要因

第一に、教師個人の基礎的能力は、大学の教職課程の学修、教員免許取得、そして、教員採用選考のプロセスで相当スクリーニングされます。ただし、一定の水準を確保しているとはいえ、教員採用の競争率の低下と関わって、格差がみられます。

第二に、教師の主体性は、教師としての実践課題を意識し、学び続けることが必要不可欠です。教職の職種・職位が単純な階層のため、個々人が仕事に「こだわり」をもちながら「わりきる」かに左右されます。教師の主体性と課題意識が問われるのです。

第三の力量形成の阻害要因をみると、①教師の多忙さが突出していますが、②教師の意欲不足、③教師同士の協力や批判が少ない、④教師の人材不足も指摘されています。

第四の力量形成の促進要因では、①教師個人の日常的教育実践、②教師個人の研究・学習、③重要な他者としての先輩、④校内研修が上位に

挙げられます。教師個人の日常的で個人的な取組によるところが大きいのです。

第5節 ❖ 若手教師が「経験を通して学ぶ」

1 若手教師の学びの基本

　若手教師が力量形成し発達するには、学びの基本を踏まえて着実に取り組むことが王道です。それは、「守・破・離」「経験学習」「社会人基礎」の三つにまとめられます[7]。

　第一に、教職の基本を学び、応用し、やがて独自の教育実践スタイルを創り出すことです。つまり、①基礎・基本を学び実践する段階、②独自に工夫して課題に挑戦する段階、③基本を踏まえて独創的に取り組む段階の3段階をステップアップします。茶道・武道で基本とされる「守・破・離」の教えです。若手教師期、特に新任教師期は、基礎づくり、土台づくりの大切な時期なのです。

　教師としての使命、授業づくり、学級づくり、保護者対応の基本、そして、子供の思い、親の願いの理解、同僚教師、教員集団との連携協力などはしっかり理解し、内面化し、実践化していかなければなりません。これをおろそかにすると、形くずれで次の段階へ進みにくくなります。若手教師が現実を見つめ素直な心で学びを進めるよう支援すべきです。

　第二に、経験を通して学ぶことを基本に据えて、学び方、省察の方法を工夫することです。LombardoとEichingerによれば、マネジャーの成長は、①仕事上の直接経験、②他者の観察・助言、③読書・研修の三つによるもので、その比率は70%-20%-10%とされます[8]。つまり、

第1章　若手教師を育てる視点と方略

マネジャーは仕事の経験を通して学ぶこと（OJT）が基本であり、他者とのつながり（OJT）と読書・研修（Off-JT）が経験による学習と結び付くことが大切です。若手教師の場合、これがそのまま当てはまるとは言えませんが、経験を通して学ぶ重要性は変わりません。

「経験学習」の第一人者であるD．コルブは、〈経験→省察→概念化→試行〉という４段階の学習サイクルのモデルを提起しました[9]。すなわち、ａ．具体的経験（具体的な経験を重ねる）→ｂ．観察と省察（経験を観察し振り返る）→ｃ．抽象的概念化（経験を仮説化し概念化する）→ｄ．適用と試行（概念を実際に試してみる）という経験学習のサイクルです。

ここでは実践課題や目標を明確にして具体的に実践することが大切であり、経験と概念化、省察と試行という２軸で構成される学習サイクルを回すことで、経験が次の経験につながり深まります。若手教師もまた、経験を通して深く学ぶ技法を身に付けることで力量を高めていきます。校長・教頭は、自らの経験学習の知見だけでなく、この経験学習サイクルを具体的に回す助言や指導が必要となります。

第三に、社会人としての基礎を培うことです。「服装、みだしなみ」「笑顔、挨拶、感謝」「報告・連絡・相談」、そして「ストレスマネジメント」（休憩、気分転換、エネルギーバランス）です。これは新任初期にしっかり伝え、適切に行動できるようにすることが必要です。最初が肝心なのです。

2　若手教師の葛藤を契機に

若手教師はがむしゃらに仕事に取り組む時期を経験します。仕事に追われ、何とか準備し、実施し、片付けるという毎日を送ります。時間がない中で、体力的にもきつい時期で、精神的余裕がなく、とにかく目の前の仕事、実践課題に無我夢中で取り組んでいきます。その中で、様々

な出来事に直面し、対応を迫られます。子供との問題対応、子供同士の
いさかいやケガ、保護者とのやり取り、同僚教師との人間関係、校長・
教頭からの指導など、予期せぬことが次々に起こってくるでしょう。精
神的にもしんどくなり、追いつめられることもあります。初任教師の多
くが経験するカルチャーショックをどのように乗り切り、理想と現実と
の調整をするかが分かれ目となります。また、対処しにくい出来事、実
践課題に直面した時は危機でもありますが、学びの契機となり得ます。
この時、問題をみつめ、分析し、方策を考え、具体的に取り組むプロセ
スに同行し、課題を共有し、共に問題解決に当たる「同行者」「支援者」
となることが大事ではないでしょうか。

　若手教師が問題を抱え込まないで、先輩教師に相談し、問題解決の道
を辿ることは、今後の教師の成長につながります。

3　経験を通して学ぶ

　経験を通して深く学ぶには、「挑戦し、振り返り、楽しみながら仕事
をする」ことであるといいます。松尾睦著『「経験学習」入門』は、こ
のことを次のように提言しています[10]。

　経験学習のポイントは、①高い目標に向かって挑戦すること、②実践
中や実践後に、何が良くて何が悪かったかを振り返ること、③仕事にや
りがいや意義を見いだして、仕事を楽しむことであり、各々を「ストレッ
チ、リフレクション、エンジョイメント」と名付けています。そして、
適切な「思い」と「つながり」を大切にし、「挑戦し、振り返り、楽し
みながら」仕事をするとき、経験から多くのことを学ぶことができる、
といいます。

　「挑戦し、振り返り、楽しむ」ことを常に意識しながら教育実践を取
り組んでいくことができれば、経験から深く学べ、好循環の学習サイク
ルを回すことができます。

第1章 若手教師を育てる視点と方略

けれども、若手教師、とりわけ新任教師期にはその余裕はほとんどありません。日常的な経験を通して学ぶためには、創意工夫が必要です。

第一に、教育実践の後、あるいはその時々で気が付いた点をメモします。そして、1か月単位でメモを整理し、集中的に振り返り、簡潔な記録をつけます。そして、授業づくり、学級づくり、子供の指導、保護者対応などで気付いた点や実践課題を書きつけておきます。重要な出来事や教育実践については、エピソードとプロセスを実践記録としてまとめることを勧めたいと思います。

第二に、このエピソードや出来事について、学年団や教科会のメンバーなどと雑談する中で話題に取り上げたいものです。そして、フォーマルな学年会、教科会などで報告して相互に検討できるようになればさらに良いでしょう。

日々の仕事に追われ、振り返りや記録化ができないのが現実です。経験を通して学ぶには、意識して振り返りや記録化を行うやりくりと工夫が求められます。

4 若手教師を支援育成する

若手教師が「経験を通して学ぶ」ことを支援し育成することが大事ですが、組織的な支援育成には次のような方法があります。

第一に、若手教師の育成に学校としてチームとして取り組むことです。教職の個業性からして、教師間の連携協力がとりにくい条件ではありますが、若手教師が1人で問題を抱え込まないようセーフティネットをつくりたいものです。学年団、教科会が核となり、必要に応じて校長・教頭等が関わります。若手教師が、同僚、先輩教師とつながり、気軽に話し合い相談できる人間関係、学校文化を創ることに心を砕くことが大事です。教師集団として教育実践を振り返り検討する「実践コミュニティ」が形成されれば、若手教師の成長に大きく貢献します。

第5節　若手教師が「経験を通して学ぶ」

　第二に、メンタリング制で若手教師を育成支援します。メンターとメンティーで、問題を明らかにし、具体的方策を考え、課題解決に向けて取り組みます。メンターは、若手教師の良き相談相手、問題解決の同行者・支援者となるようにします。

　第三に、若手教師の自主学習会を組織します。若手教師が集って自主的に学ぶ機会を設けるとよいでしょう。その取組を見守り助言するサポート役を配置し、支援することも必要です。

　最後に、変革の時代、困難な時代において、教師が意識すべきことは、「レジリエンスとサステナビリティ」（復元力と持続力）[11] です。教師は元気で明るく積極的な姿勢を常に求められますが、仕事で悩んだり、落ち込んだりすることが少なくありません。それを引きずらないで、切り替えて取り組むことが求められます。そして、教育実践を一歩一歩着実に持続する中で、教育実践の感触や手ごたえを感じられるのです。そのために、アンテナを高くし、あせらずへこたれず取組を重ねることが大事です。若手教師もまた、復元力と持続力を基礎に、教育実践を展開することで確かな教育成果が見えてくると思います。

[注]
1）　門川大作「優秀な教員を養成・確保するための試み」『IDE・現代の高等教育』No.472、2005年、pp.7-8。
2）　潮木守一「教員需要の将来推計」『大学アドミニストレーション研究』第3号、2013年。近年の教員需要の動向については、山崎博敏『教員需要推計と教員養成の展望』協同出版、2015年参照。また、戦後の静岡県の教員の年齢構成については、山崎準二『教師の発達と力量形成―続・教師のライフコース研究』創風社、2012年が詳しい。
3）　秋田喜代美・佐藤学編『新しい時代の教職入門』有斐閣、2006年、第1章。佐藤学「教師文化の構造」稲垣忠彦・久冨善之編『日本の教師文化』東京大学出版会、1994年も参照。
4）　山崎準二『教師の発達と力量形成』創風社、2012年、高井良健一『教師のラ

25

イフストーリー』勁草書房、2015年が理論的検討を加えており、参照した。日本教師教育学会編『教師教育研究ハンドブック』学文社、2017年参照。

5）　藤澤伸介『「反省的実践家」としての教師の学習指導力の形成過程』風間書房、2004年、第5章を要約。

6）　今津孝次郎『教師が育つ条件』岩波新書、2013年、第2章3。

7）　大脇康弘「教育指導職の育成をめぐる論点と動向」東アジア教員養成国際共同研究プロジェクト編『「東アジア的教師」の今』東京学芸大学出版会、2015年。

8）　Lombardo, M.M. & Eichinger, R.W.(2010). *The Career Architect: Development Planner*, 5th edition. Lominger International.

9）　Kolb, D. A.(1984). *Experiential learning: Experience as the source of learning and development*, NJ: Prentice-Hall.

10）　松尾睦著『「経験学習」入門』ダイヤモンド社、2011年。特に、第3章、第4章。

11）　C. デー・O. デー著、小柳和喜雄・木原俊行監訳『教師と学校のレジリエンス』北大路書房、2015年参照。

第2章
教師文化をつなぎ創造する人材育成

末松裕基
東京学芸大学准教授

第2章　教師文化をつなぎ創造する人材育成

第1節 ❖ **教師文化の不易と流行**

1　教師間の協働の難しさ

　近年、学校内外の「協働」や「連携」の重要性が盛んに指摘されていますが、「教師間の協働」に限って注目してみても、それは容易に成立するものではありません。学校という組織は、企業組織に比べて、学級活動や各指導場面で個業性が強く、それゆえ、指示・命令に基づくものに限らず、チームワークなどを通しても協業や分業を合理的に行う仕組みが容易に成り立たないからです（末松編 2016）。

　さらに、学校は、利潤追求のような明確な組織目標をもっておらず、そのため、成果も数値等で客観的に測定できないことから、合理性や効率性だけではその活動の成否を判断できません。また、教員だけで教育活動が完結することはなく、保護者や地域住民、行政との関係の在り方や各規制、法制度への対応も重要になることから、組織の自律性はさほど強くありません。これら学校の組織特性を一つの前提として、組織づくりが求められることから、スクールリーダーが取り組むべき課題は、企業組織以上に多くなることになります。

2　チーム学校への期待と学校の使命の再確認

　また、学校内外の連携・協働をめぐっては、「チームとしての学校」の在り方が問われています。「チーム学校」の意義や必要性、それを実現するためのポイントは、中央教育審議会（2015）で表1のように列

第1節　教師文化の不易と流行

表1　「チーム学校」では連携・協働の意義がどのように考えられているか

意　義	学校において子供が成長していく上で、教員に加えて、多様な価値観や経験を持った大人と接したり、議論したりすることで、より厚みのある経験を積むことができ、本当の意味での「生きる力」を定着させることにつながる。
背　景	(1)　新しい時代に求められる資質・能力を育む教育課程を実現するための体制整備 (2)　複雑化・多様化した課題を解決するための体制整備 (3)　子供と向き合う時間の確保等のための体制整備
実現の ポイント	(1)　専門性に基づくチーム体制の構築：教員が、学校や子供たちの実態を踏まえ、学習指導や生徒指導等に取り組むため、指導体制の充実が必要である。加えて、心理や福祉等の専門スタッフについて、学校の職員として、職務内容等を明確化し、質の確保と配置の充実を進めるべきである。 (2)　学校のマネジメント機能の強化：専門性に基づく「チームとしての学校」が機能するためには、校長のリーダーシップが重要であり、学校のマネジメント機能を今まで以上に強化していくことが求められる。そのためには、優秀な管理職を確保するための取組や、主幹教諭の配置の促進や事務機能の強化など校長のマネジメント体制を支える仕組みを充実することが求められる。 (3)　教職員一人一人が力を発揮できる環境の整備：教職員がそれぞれの力を発揮し、伸ばしていくことができるようにするためには、人材育成の充実や業務改善の取組を進めることが重要である。

(出典) 中央教育審議会（2015）

挙されています。

　教職員による連携・協働の対象として想定されるここでの「多職種」は、養護教諭、事務職員、スクールカウンセラー、スクールソーシャルワーカー等です。ただ、注意が必要なのが、スクールカウンセラー、スクールソーシャルワーカーの位置付けです。これらの職は「チーム学校」では一見、学校「内」の協働相手に見えますが、専門性や知識基盤などは、保護者や地域住民以上に学校の「外部」の論理で動いている職です。

　そのため、これらにどう向き合い、自らの学校経営を進めていくか、または、教員による視点に加えて、学校外の新たな視点・文化を学校に無理無く持ち込み、子供の生活・学習環境を充実させていくかが重要になります。

　学校の外部機能を学校に取り込むことは、これからの時代は避けて通

れないとも言えますが、それを学校「内」の協働の問題として予定調和的に捉えていると、これまでの教育組織としての学校の使命（ミッション）を曖昧にしてしまう危険もあります。教育組織は、他の社会組織とは組織特性を異にしています。それは、目標や協働の原則が異なるからです。

　チーム学校の発想によって、多職種と「分業」ができて学校の機能が強化されると思われがちですが、もともと複合的な「教師の仕事」が整理されないまま、仕事が外部から追加されるようなことが生じないようにしないといけません。そのためにも、教師の文化がどのような特徴をもっているかを次に理解しましょう。

3　日本の教員文化の特質

　学校に対して様々な教育改革が導入されようとしていますが、なかなか実効性のある改革が定着しているようには思えません。それは、教員集団に内在する文化の特質をうまくつかめていないことに起因すると言えます。

　教員集団については、見て見ぬ振りをする、もの言えば唇寒しなどの風土があることや、勇気や責任感の欠如、自己保身や利己主義、マンネリズム、事なかれ主義、いがみ合い、などの表現が学校外から浴びせられることも多くあります。しかし、問題は、なぜそのような表現でしか言い表せない状況が起きてしまうか、ということです。教師研究を行っている油布佐和子は、このことについて、「文化は、人間の『生』の全領域をおおう広い概念であるが、そのうち成員の行動様式を規制し、認知や判断に共通の枠組みを与えて斉一化を促す役割を果たすものを『規範』として捉えることができる」として、教員集団において「『同僚との調和』という規範が存在するというだけでそれが即座に何らかの問題につながると考えるのは短絡的すぎる」と述べています（油布　1990：

pp.41-42）。

　その上で、例えば、学年の調和を考えて指導するということは子供に対する教育行為・指導のためになされているもので、同僚間の人間関係や和とは区別されていることを明らかにしています。

　ただ、教育指導のために重視されている「学年の調和」も時として教師の仕事の不安定さ・不確実さから「出る杭は打たれる」という発想が蔓延する原因にもなりかねないことも確認しています。そして、油布は、「問題の根源にあるものは、コミュニケーションの不在なのではなくて、コミュニケーションのテーマの不明瞭さなのである」（油布 1990：p.61）と述べています。

4　現代で求められる「対話」

　現代において、私たちは、共通の価値観をなかなか見いだしにくく、進むべき方向性を共有しにくい状況にあります。そうだとしたら、やはり丁寧で工夫のあるコミュニケーションが求められます。油布が述べたコミュニケーションのテーマは、その方法とともに慎重に考えられる必要がありますが、いまだに戦後の年功序列で男性中心の働き方を信じて疑わない人も日本には多いですし、窮地に立たされた際には根性や気合いで乗り切れば何とかなると考えている人もよく目にします。「エイ、エイ、オー！」で人々がまとまっていた時代こそが特異であったとも考えられます。

　どのような人間も感情や信念をもって生きていますし、若い人たちは特に上の世代がどのような考えを基に、自分たちに接しているかに非常に敏感です。気合いでまとまっていたような時代は進むべき方向は明確だったかもしれませんが、自由に考えながら人がコミュニケーションをしていたかというと疑わしく、組織に隷属しているだけであったとも言えます。

第2章　教師文化をつなぎ創造する人材育成

　そこで最近注目を集めているのが、「対話（ダイアローグ）」というコミュニケーションです（中原・長岡 2009）。対話はコミュニケーションを通じて、人々の考え方や振る舞いを主体的に変容させる可能性を有していると指摘されています。それは"飲みニケーション"のように緊密でもなければ、指示・命令のように効率的でもありません。緊密で効率的なコミュニケーションは、組織が円滑に動くように見えるので、いっときは効果的に思えますが、問題が複雑化し、課題の難度が上がると、一瞬で組織は回らなくなります。自分で考えて行動し、多様な視点を許容する素地が育っていないからです。

　また、対話は傾聴とも違います。たとえすれ違いながらも、どこまでいっても双方が諦めずにやり取りを続ける必要があります。そして、対話は対面の口頭でのやり取りに限る必要はありません。落ち着いて１人の時間でまずはしっかりと考えてもらうには、紙に文字を書いてもらったり、最初は匿名を認めたり、複数名の考えをグループでまとめて出してもらうことも有効だと言えます。面倒な過程ですが、そこまでしないと個々人は対話に臨もうとはしません。若い人は対話を欲していますが、その機会を十分に得られていないのも事実です。また、LINEなどのSNSで緊密に効率的にしか人とつながった経験がない人も増えています。ちょっとした工夫でコミュニケーションの回路や質は大きく変わりますので、便利なものが多くなる時代ですが、人々のコミュニケーションはテーマとともに、その方法も具体的に見いだしていく必要があります。

第2節 ❖ これからのOJTの基本的な視点

1 大量退職・大量採用時代の知恵の伝承

　団塊の世代の大量退職を受けて、若い世代が大量採用される自治体が増えています。また、極端に中堅が不足するなど、学校の年齢構成のバランスがこれまで以上に悪くなっているのも事実です。この問題が注目されるようになった時期に、中央教育審議会審議経過報告（2011）では、次のように組織運営の課題が指摘されました。

・今後10年間に、教員全体の約３分の１、20万人弱の教員が退職し、経験の浅い教員が大量に誕生することが懸念されている。これまで、我が国において、教員の資質能力の向上は、養成段階よりも、採用後、現場における実践の中で、先輩教員から新人教員へと知識・技能が伝承されることにより行われる側面が強かったが、今後は更にその伝承が困難となることが予想される。

・さらに、今後、大量の新人教員と少数の中堅教員からなる教員集団をまとめていくために（略）これまで以上に組織的で計画的な教育活動、学校経営が不可欠であり、校長のリーダーシップとマネジメント能力がこれまで以上に求められる。また、多くの管理職が、教員と同様、今後10年の間に大量に退職することとなる。

・このような状況に何らかの手を打たないと、大量の経験不足の教員と少数の多忙な中堅教員、新しい時代の学校運営に対応できない管理職により運営される学校が全国各地に生まれるといった状況にもなりかねないが、他

方、教員全体数の約3分の1が入れ替わるこの10年は、学校教育をよりよい方向に変えていく絶好の機会ともいえる。

2 若手や中堅の苦悩

中堅の先生方は「いつまでも若手扱い」「なんでこんな仕事をまだ私が……」と感じる一方で、若手育成や評価、働き方改革など慣れない仕事で精一杯なことも多いと思います。また若手教師は、力量や経験が不足しているものの、組織的・計画的な育成システムが不十分なことも多く、悩みを抱えていることも事実です。このような状況があまり続いてしまうと、自分が口を出せば仕事が増えることが目に見えてしまい、指示待ちの文化が蔓延してしまいます。憂いや諦めが蔓延する事態をいかに回避し、希望のある職場をつくっていけるでしょうか。

このように過緊張の状態においては、意図的に多少の無理をしてでも、組織内に対話や無駄（あそび）をつくっていく必要があります。人は余裕のない時にこそ、知恵を出し合う必要があります。組織内のコミュニケーションの在り方を少しずつ見直していくしかありません。

ただし、昔ながらの飲みニケーションをしたところで、本質的な問題解決にはなりませんし、子育てや介護など家庭でも多くの難しさを抱える世代も多いため、かえってそういう安易な方法は逆効果にもなりかねません。飲みニケーションで事態が解決できた時代が特殊であり、組織の問題に飲みニケーションしか突破口を見いだせないことに発想の乏しさを感じてほしいものです。

3 OJTとその活用方法

具体的なコミュニケーションを通じた育成方法としては、まずは職場での実務を通じたOJT（On the Job Training）が考えられます。OJT

においては、スクールリーダーがメンターとしてコーチングを行うことが有効なことが国際的な調査からも明らかになっています。その際、特に次の点を積極的に行うことの意義が指摘されています。

・リーダーシップ開発や課題解決のために面談を活用する。

・そのための面談は柔軟に実施する。

・OJT以外の研修や自己学習もOJTと関連付けてよく吟味・議論する。

　OJT以外にも、様々な研修や、各教師が普段から心掛けていることや教材研究の時間、趣味の時間、読書の時間などの自己研鑽も、若い教師が成長し活躍するには欠かせません。それらとOJTで学んでいることをスクールリーダーが大所高所から指導・助言を行えるかどうかが一つの鍵となるでしょう。これらに対して、

・面談を実施するが、目的意識がない。

・管理運営上の形式的な話ばかりを重視し、教師個人の成長を重視しない。

　このようなスクールリーダーのもとでは、なかなか若手やミドルリーダーが育ちにくいことも明らかになっています（末松 2015）。

　また、特にコーチングなどのように、職場内の他者を通じて仕事を学ぶOJTの場合は、学校の状況によって、その学びが非常に多様性のあるものとなり、そのため研修による学習経験の差が生じやすいことも明らかになっています。コーチングを担う者が、個人の力量形成よりも、とにかく目の前の職務をこなしていくことを重視する場合や、時間的余裕やそもそもコーチに当たる人の力量が不足している場合は、組織内の狭い人間関係が若手教師の成長を大きく左右し、学校全体の活性化につながりにくいことも確認されています。OJTで何がどこまで可能なのかを検討しながら、中長期的な成長課題、学習課題を見極めながら、職場を離れたOff-JTや読書などの自己研修をうまく関連付けて学びの環境を整えていくことが重要となるでしょう。

第2章　教師文化をつなぎ創造する人材育成

第3節 ❖ 個を伸ばす手立てとは

1　スクールリーダーの「弱い理念」

　企業経営では、社長と副社長は、社長と守衛ほど違うと言われます。それほどトップリーダーは孤独な存在です。プロセスとして対話が重要とは言えど、最終的な責任はリーダーが引き取る必要があります。リーダーは常に自らの理念をもつ必要があることがここから分かります。

　ただそれは「強い理念」である必要はありません。現代のように先行きの見通せない時代に注目されているのは「弱い理念」です。これは組織やそこに関わる人が各々自分の信じるべき価値観を抱き、それに基づいて行動し、また結果に基づいて周囲と話し、理念を修正していくことを許すというような考え方です。

　経営の神様と言われた松下幸之助の「衆知を集める」「任せて任せず」「相反する調和」といったものもこのようなことだと思います。思想家の鶴見俊輔も「いままで誤ったことの記憶を保つことが真理の方向を示す」（鶴見 2008：p.339）と述べています。絶対的な正解がない時代は、出たとこ勝負でも、トップの強い意向で組織を上から固めるのでもなく、基本的にはトライ&エラーで丁寧な対話をしていくことが鍵を握ります。そして、そういう過程を経ることによって、若手教師個々の強み、弱みや専門性に対する認識についての理解が深まっていくと言えます。

2 教師のキャリアをどのように考えるか

　教員育成指標が各自治体で整備されていますが、「学級担任→ミドルリーダー→スクールリーダー」などのキャリア段階が一般的な捉え方かと思いますが、そのほかにも、様々な教師の職業キャリアの段階やライフコースが想定されて良いと思います。

　若手教師の個をどのように伸ばすか、その手立てを考える上でも、教師一生涯のキャリアをいかにイメージしておくかが大切になってきます。各自治体の研修制度にも多くの実験的な取組が見られますし、教師の在り方については、国際的にも様々な議論が展開されています。

　例えば、組織の改革課題を従順に遂行していく者として若手を育成するのか。もしくは、学年や教科の最前線に立ち、課題やニーズをすくいあげ、主張する者として位置付けるのか。

　現実的には、これらの役割は同時に担われるべきもので、対立するものではありませんが、若手教師を育てる際の一つの視点になります。つまり、「学校経営への奉仕者（チェンジ・エージェント）」として、組織の方針の遂行・進捗を重視する見方と、それに対して、「チームのリーダー」として、専門的判断に基づいて担当部署・部門の変革を導くという役割区分です。表2はこのような区分の特徴を整理したものです。

3 教師の多様な専門性

　教育先進国としてフィンランドなどと並んで注目されることの多いシンガポールの取組も特徴的です。もともと、教員が離職などでキャリアアップを図らなければ昇給が見込めない環境にあったことから、シンガポールでは、2000年の時点で5年以内に3分の1の教員が転職する可能性がありました。この事態に対応するために、教育省は教員2万4000人

第2章　教師文化をつなぎ創造する人材育成

表2　チェンジ・エージェントとチームリーダーの比較

	チェンジ・エージェント	チームリーダー
目標設定	・トップの認識と期待に敏感である。 ・成績の目標設定において、国・地方の要求に注意を払う。 ・目標達成のためのリスクを取る。	・部門の方向性と目標を設定する。 ・進んで指導を行い、同僚からの建設的な提案にはオープンである。
役割の詳細	・トップ、部門教員と効果的な連携を図る。 ・改革実施の鍵となる人物を特定し、協働する。	・部門チームを鼓舞する。 ・他の教員の模範・役割モデルとなる。 ・効果的なチームづくりを行う。 ・誠実に行動する。 ・権限委譲と効果的な会議主宰を行う。
コミュニケーション	・部門教員と効果的なコミュニケーションを取る。 ・取組の意味と個々人への影響を説明する。 ・部門教員と効果的な交渉を行う。	・他部門、トップ、保護者へのチーム代表としての行動を取る。 ・信頼を獲得し、チームの自信を築く。 ・他者のリーダーシップ開発を支援する。
交　渉	・部門にアイデアを伝え、ビジョンを伝達する。 ・必要な資源のための交渉を行う。 ・対立を解決する。 ・組織全体の変革のための交渉を行う。	・資源を最大限に獲得する。 ・効果的な交渉・助言を行う。
トップや部門教員との関係	・校内のミクロポリティクスにおいて効果的な職務遂行を行う。 ・貢献を得るために、提案に反対しそうな部門教員に関与する。 ・部門内の狭い視野にこだわらない組織的な視野をもつ。	・意思決定、相談、トップに任せるべきタイミングを判断する。

（出典）末松（2017）

に教職に留まるための条件を調査したところ、「キャリア昇進が限られている」という課題が改めて明らかになり、改革が始まりました。

　まず、次の三つのキャリアパスが導入され、給与面の課題も改善されることになりました（小島ほか 2012）。

① 「教員トラック」：授業を行いながら、学校群の指導・助言や研究授業などを担うほか、上級教員資格の取得が可能
② 「リーダーシップ・トラック」：教育長を頂点に、校長、副校長、各主任などの指導層
③ 「上級専門家トラック」：4領域（カリキュラムと教授活動、教育心理と生徒指導、教育評価、研究と統計）のリーダー

　これらを受けて、その後、各キャリアトラックの職務が明確化され、研修の整備が進みました。さらに、6年以上の教員経験があれば、給与の全額支給を受けながら、半年間、授業負担が半減されることになり、残りの時間をアクション・リサーチや職能開発に充てられるようにもなりました。これら改革の結果、離職者は大幅に減少し、次世代リーダーの確保や体系的な力量形成が可能になり、リーダー不足に悩む各国からも注目されてきました。

4　スクールリーダーとしてのキャリアの多様化

　また、2000年代に入ってから、世界のスクールリーダー育成を先導してきたイギリス（イングランド）では、2001年に「リーダーシップ開発枠組み」が提示され、若手の段階からスクールリーダーとしてのキャリアをいかに見越して成長・学習していくかが政策課題となり、それにあわせて、研修・資格制度も整備されてきました。具体的には、次の5段階が想定されてきました（小島ほか 2012）。
① 　リーダーシップ生成の段階（emergent leadership）：教師のリーダーシップを対象としたもので、マネジメントとリーダーシップの責任を担い始める段階で、主任層などがここに位置付く。
② 　経営スタッフとしてのリーダーシップ開発（established leadership）：校長を目指さない副校長、校長補佐を対象とし、経験豊かなリーダーであるが指導的な立場を追求するつもりのない者を想

定。

③ 校長職への参加の段階（entry to headship）：校長職に向けた準
備とリーダーシップ・チームへの参加を行う段階。

④ リーダーシップ高度化の段階（advanced leadership）：校長とし
て４年以上の経験を有す者で、スクールリーダーとしての役割を成熟
させ、経験を広げ、技能を最新のものにする段階。

⑤ コンサルタントとして活躍する段階（consultant leadership）：
有能で経験豊かなリーダーが、研修、メンタリング、査察等によって
貢献する段階で、困難校の学校改善支援を期待される。

このようなモデルは絶対的なものではありませんが、若手→中堅→管
理職と、どちらかというと、年功序列を前提としたキャリアモデルが語
られがちな日本の状況の問題を浮き彫りにしてくれます。20代後半や
30代前半の校長も海外では珍しくない場合も多く、そういう意味では、
日本も少しずつ実験的な試みがなされても良いでしょうし、若い段階か
ら、少しでも将来のスクールリーダーとしてのキャリアイメージをもた
せて、若手教師の育成に関与していくことも重要になるでしょう。

第4節 ◆ 組織マネジメントからみた若手の戦力化

1 プレイヤーからマネジャーへ

組織として学校を経営するに当たって、若手教師もチームの一員とし
ての主体性や関与が求められることが多くなってきています。

しかし、具体的な手立てが慎重に考えられているかというと、経験年
数を積んでいれば組織経営への力量も高まるはずだ、という根拠のない

説明がなされたり、はたまた、組織の一員となるということが、組織の方針に従っておけばいいということに置き換えられたりしているケースも散見されます。従来の若手像を超える、これからの学校における若手像の在り方をどのように考えていけるでしょうか。

経営学を専門とする中原淳は、「プレイヤー」が「マネジャー」になるには、ある程度の飛躍が必要で、「大きな転機」として「生まれ変わり」が求められると指摘しています（中原 2014：pp.41-42）。

つまり、マネジャーになる前までは、「ひとり」で「限定的な範囲」の仕事を行ってきた個人（ソロプレイヤー）が、マネジャーになったあとは、「他人」を使って「より大きな物事」を成し遂げなければなりません。それは、個人にとっては「大きな転機」になり、「ソロプレイヤー」であった時分に学習したことの一部を「棄却」して、新たな役割を「再学習」しなければならず、「区切り」の時間を、ある時期過ごさなければなりません。

また、マネジャーになることは、原則として「自分がいなくても他人の手によって、物事が動く状態（work without you）」をつくることに似ているので、そこには、ある種の「寂しさ」がつきまといます。

その一方で、マネジャーになることは、自らが先陣をきって、やりたいことを成し遂げるチャンスでもあり、そこには「希望」もあります。

中原はこのように述べ、マネジャーになることは、「もうひとつの矛盾に満ちた世界」への参入であり、「学習」そのものであると指摘し、「経営学習」という視点を論じています（中原 2012）。

2　「教える」専門家から「プレイング・マネジャー」へ

従来、大学等では「教える（teaching）」という仕事を担う「プレイヤー」としての教師の養成・育成に比重が置かれてきました。しかし、これからの学校の成否には、「経営（management）」という視野をどのよう

に組み込み、構想していくかが問われていると言えます。つまり、「教える」という「子供」を相手にしたものから、「マネジメント」という「大人」を相手にした専門性です。

　"名選手、名監督にあらず"と言われるように、経営能力やリーダーシップは、生まれつき備わっているものではありません。「学習としての経営」もしくは「開発としてのリーダーシップ」を教育界にどのように位置付けるかということが問題になると言えます。

　「スーパーティーチャー」制度などが各自治体にできましたが、複雑さが増す学校課題を前にして、教師個人が丸抱えをして事態を乗り越えるようなことは既に限界にきています。また、名選手（プレイヤー）でなくとも、「他人」を通して「事」を成せるかということの方が重要になってくると思われます。

　名選手ほど、こだわりが強く、できない選手のことが理解できなかったり、また、「人に任せるよりも自分でやってしまった方が楽だ」との声も聞こえてきそうですが、個人に頼っている組織ほど弱いものはありません。

　若手教師の場合は、いきなり「マネジャー」の仕事をこなすのではなく、現実的には「プレイング・マネジャー」という難しい、かつ、やりがいのある仕事をバランスをもってやっていくしかありません。現場課題を優れた感性で受け止めている若手教師にしかできないことも組織には多々ありますし、それが組織全体の活力や活性化にもつながります。

　「経験不足の若手だからあまり発言はしないように……」などの発想ではなく「若手らしく多少荒削りでも思い切ったことを……」という感じでプレイング・マネジャーが活躍できる組織は、若手がどんどん経験を積んでトライ&エラーの中で様々なことを学ぶチャンスがあると思います。

第5節 ❖ **管理職は若手に何を語るか**

1 若手の悩み？ 管理職の悩み？

　先日、知り合いの若い教師が学校の人間関係で壁にぶつかっていると悩んでいました。話を聞くと、校長をはじめ、なかなか相談相手が学校にいないとのことでした。慣れない仕事のなかで大きなプレッシャーやストレスを感じているようで、正直「大丈夫かな？」「このまま辞めずに仕事を続けられるかな？」と心配になる状況でした。

　また、別のこんな話も管理職から悩みとして聞きました。「若手に思い切って仕事をしてほしいと思い『失敗しても私が責任を取るからやってごらん』とある若い先生に伝えました。そうしたらその人から『"失敗"って使ったってことは、私が失敗すると常々思っているってことですか』と返答がきたのです」と。これは笑い話ではなく、本当にその管理職の方は途方にくれて、言葉も出なかったというような回想をされ、「どうしたら若手に想いを伝えられるか」と悩まれていました。

　このような職場の行き違いはよくあることではないでしょうか。教員採用倍率が３倍を切っている自治体も増えていることから、様々な生活背景や価値観をもつ若手教師がこれまで以上に増えてきています。

2 自己内対話という在り方

　組織内で様々な背景や価値観を有す人が増えること自体は全く問題ではありませんし、組織にとっては非常に歓迎すべき事態です。本章では、

43

対話の重要性を述べてきましたが、多様な価値観を有す人との対話には
それなりの手続きと工夫が必要です。

　人の話をまず聞いて、その上で、それを自分でまとめ、本当に自分が
相手のことを聞いているかを確認する。まずはこの「自己内対話」があっ
てはじめて、その後に、他者との対話が可能になります。

　職場の飲みニケーションは、愚痴や自慢の「独り語り（モノローグ）」
によって憂さ晴らしはできるかもしれませんが、それは他者からすると
たまったものではありませんし、自己を大切にしていないという意味で、
長期的には自分を傷付けることになります。毎日、喜怒哀楽全てを含め
て、公私の様々な出来事を日記やノートにコツコツ書くことなどは、簡
単にできる自己内対話です。このような簡単なことを抜きにして、高度
な対話に取り組もうと思っても、無理があるのはわかると思います。

3　知恵を生み出すコミュニケーションとは

　小説家の大江健三郎さんが、おもしろい指摘をしています。伝言ゲー
ムの間違いには、次の三つのタイプがあるというのです。

　　１．単純な間違い
　　２．人におもしろがってもらおうとつくりかえる人
　　３．自分がおもしろいと思う方向につくりかえる人

　彼は、三つ目のタイプが特に問題だと捉えています。人の言う言葉に
注意深く耳を傾ける習慣と能力がなく、さらにそれを反省することを求
める人が周囲におらず、そういう人が指導的立場に立つとき、当人だけ
でなく、関係者にとっても不幸であり、そういう例が歴史上いくらでも
あるとしています。そして、そのような不幸な存在にならないようにす
るには、自分を訓練することができるとして、次のように述べています。

文章を正確に書くようにすることによって！

文章を書くということは、自分の心のなかに湧き起こるものを書くのだ、と考えていられる人は多いでしょう。しかし、私たちは自分の目で見たことを書くのだし──それに反対される人は少ないはず──、そのことをよく考えれば、私たちは自分の耳で聞いたことを書く、と続けても賛成してくださるのではないでしょうか？

私たちの本当の知恵は、自分の目で見ること──本を読むことも、そこに入れましょう──、自分の耳で聞くことをよく受けとめ、自分のものとして活用することができるようになって、生まれるのです。

私たちは、自分の頭で考えるのですが、ひとりで考える時、問題がこんがらがって、すっきりした答えがでない時、自分のなかに、自分とは別の人物をひとりか二人作り出して──または、実際にいる人物をそこに呼び入れるようにして──そのメンバーの対話として考えてみることは、整理したり深めたりする上で有益です。（大江 2003：p.121）

われわれは、どうしても価値観の異なる人や、これまでに会ったことの無い他世代の生き方・働き方を目にすると、「使えない」「なってない」「ゆとり世代」などとレッテルを貼って安心しようとしてしまいます。少し前に流行った親に対する「モンスター」というレッテルも同じような現象だと思います。若い教師も程度の差こそあれ、日々の職務のなかで課題や悩み、そして、葛藤を抱えています。価値観の対立や摩擦は組織にあって当たり前のものです。ただ、それを直接の口頭でのコミュニケーションで全て解決しようとすることに無理があります。時には冷静になって、淡々と状況をノートに記録することや管理職として誰にも言えない悩みを日記に書いたり、性格的に合わない若手の言動を客観的にしぶとく記録したりしていくことも求められます。組織の葛藤が把握され、組織の人々によってどのように向き合われ、乗り越えられるか、ということが組織の活性化につながる第一歩になると思います。

第2章　教師文化をつなぎ創造する人材育成

第6節 ◆ 若手の人材育成と学校組織の未来

　非常に課題や困難を多く抱えつつある学校においても、若手がいきいきと仕事をし、また、管理職と若手が緊張感をもちながらも、互いに切磋琢磨していけるような未来志向の学校経営の在り方はどのような発想や視点で可能になるでしょうか。

　みなさんは、リーダーシップをどのようなものと捉えているでしょうか。周囲に自分の言うことを聞いてくれるイエスマンばかりいればそれでよいでしょうか。はたまた、自分のために動いてくれる人をかわいがり、論功行賞で人間関係をつくっていけば心地よい仕事の環境がつくっていけるでしょうか。

　かつて、ニーチェは「批判の無い集団には罪のない腐敗がきのこのように生える」と言ったそうですが、ものわかりのよい人の集まりは、時に危うい集団になりかねませんし、私はそのような集団を率いている者をリーダーだとは思いません。それは組織を私物化し、たまたま上の立場にいる者の価値観で、組織を縮小再生産しているだけです。多くの場合、そのような組織はいずれ衰退します。権威や権力に頼った組織の弱さは、近年、目にすることも多くなってきました。

　リーダーシップとは「人を育てること」というように私は習ってきましたし、経験的にも「仕事を通じて人を育てる」という姿勢の人によって、自分や組織が活力を得てきたと感じています。仕事には自己の想定を超える厳しさや葛藤が当然伴いますし、価値観の対立や摩擦も生じます。ただ、それらに根気強く付き合ってくれ、仕事を通じて育てようとしてくれたことによって、当人は事後的にその人のことをリーダーとして認識します。

第6節　若手の人材育成と学校組織の未来

　人を育てるにはとにもかくにも手間がかかります。ただ、仕事や経験を通じて、人は成長します。組織経営の戦略に「人を育てる」ということを基軸として置く発想を「育てる経営の戦略」（高橋 2005）と表現しますが、学校経営の場合も同様に、その中心に「人が育つ」ということを置いて考えることが重要になると言えます。

　学校の仕事の形態としては、これまでに確認してきた組織特性や業務特性により、どうしても個業にならざるを得ません。そのため、いつも元気に仕事をしていた教師が、ある日突然、バーンアウトすることも珍しくありません。それでは、課題の「見える化」や、明確な指示・命令を組織で徹底すれば、チームワークが成立すると言えるでしょうか。

　みなさんも経験的にわかると思いますが、そのように、きっちり、てきぱきと合理化を進めれば進めるほど、学校は学校らしさを失い"自分たちはなんのために仕事をしているのだろう……""こんなことをやるために教師になったのではないのに……""これをやって本当に子供たちのためになっているのか……"という不安や不信感が渦巻くことにもなりかねません。

　大切なことは、「学校は企業組織とは、その経営原理や特性が異なる」ということに、まずは大前提として向き合うことです。学校の学校らしさや、教育の教育らしさを壊さない形で、経営の発想やシステムを構想し、実現していく必要があります。

　「最近の若いやつは……」と余裕の無い時ほど言ってしまいそうになりますが、「育てる」ためには、「自分も若い時は……」と共感し、自分も実は様々な人の支えや配慮があって、ここまで成長してきて、そして、いまも誰かに支えてもらって仕事をしているということに気づくことができ、そのようなところから、みなさんの「育てる」仕事のポイントが明らかになっていくように思います。

47

第2章　教師文化をつなぎ創造する人材育成

[引用・参考文献]

・末松裕基編著『現代の学校を読み解く―学校の現在地と教育の未来』春風社、
　2016年
・中央教育審議会「チームとしての学校の在り方と今後の改善方策について（答申）」
　2015年
・油布佐和子「教員文化と学校改善」牧昌見・佐藤全編『学校改善と教職の未来』
　教育開発研究所、1990年、pp.35-63
・中原淳・長岡健著『ダイアローグ 対話する組織』ダイヤモンド社、2009年
・中央教育審議会教員の資質能力向上特別部会「教職生活の全体を通じた教員の資
　質能力の総合的な向上方策について（審議経過報告）」2011年
・末松裕基「イギリスにおける『学校ミドル全国研修プログラム（Leading from
　the Middle)』の特徴と課題―実務に基づくミドルリーダーシップ開発の課題に
　着目して―」『大学・学校づくり研究』7、名城大学大学院大学・学校づくり研
　究科、2015年、pp.21-33
・鶴見俊輔著『期待と回想』朝日新聞社、2008年
・末松裕基「国際的な観点からミドルリーダー育成を考える―学校経営への貢献が
　どのように期待されてきたか―」『スクールリーダー研究』9、スクールリーダー
　研究会、2017年、pp.5-14
・小島弘道・熊谷愼之輔・末松裕基著『学校づくりとスクールミドル』学文社、
　2012年
・中原淳著『駆け出しマネジャーの成長論―7つの挑戦課題を「科学」する』中央
　公論新社、2014年
・中原淳「マネジャーになるということの意味―『学習の観点』から捉えなおす」
　2012年、http://www.nakahara-lab.net/blog/（accessed 2012-04-
　25)
・大江健三郎著『「新しい人」の方へ』朝日新聞社、2003年
・高橋伸夫著『＜育てる経営＞の戦略―ポスト成果主義への道』講談社、2005年

第3章
学級経営力を高める

中山大嘉俊
大阪市立堀江小学校校長

第3章　学級経営力を高める

> ●本章のポイント
>
> ①初任のうちに身に付けておきたい資質・能力
>
> 学級の問題を周囲に相談し、目指す子供像や学級の実現に向けて全力で取り組む姿勢
>
> ②3年目までに身に付けておきたい資質・能力
>
> 個や集団の状況を多面的に捉え、自身の指導や働きかけを省察し改善しようとする姿勢
>
> ③ミドルリーダーに向かうために身に付けておきたい資質・能力
>
> 教職員の動きを見る力とコミュニケーション力、メンター的な役割を果たそうとする姿勢

第1節 ❖ キャリアステージに応じた学級経営力

1　初任のうちに付けておきたい資質・能力

⑴　学級の問題に全力で取り組む姿勢

　学級では日々予期しない様々な出来事が起こり、その都度、臨機応変に対応することが求められます。新任教師の葛藤で最も多いのは学級経営だという報告もあります。初任の教師がこんな学級にしたいと思っていても、目指す姿が抽象的で方法や手立ても不確かです。目の前の問題と向き合い、がむしゃらにその解決に当たっていくことになります。一つの問題を乗り越えたら、すぐまた次の問題がやってきます。自分の思いと現実とのギャップに幾度となく悩みながらも、目の前の課題の解決

を図ることを通して経験と知恵が蓄積され、学級経営力は次第に高まっていきます。「できる」「できない」ではなく、「する」か「しない」かです。自分の能力や仕事を限定せずに、目指す子供像や学級の実現に向けて全力で取り組む姿勢が求められます。

(2) 学級担任としての立ち位置の理解

　子供や保護者と出会い、教師として踏み出した一歩は、同時に社会人としての第一歩です。きちんとした身だしなみ、マナーや言葉遣いなどが身に付いている、コミュニケーションがとれるといったことは、学級経営においても重要であり、子供、同僚、保護者、地域等とよい関係を築くための土台です。

　ところで、ベテランの教師が若手教師のことで「アドバイスしても受け止めてくれない」とこぼすのを聞くことがあります。新任教師が自分の立ち位置を理解し、学級担任の役割と職務内容について積極的に知ることや職場の先輩の応援を受けながら、子供との接し方、問題行動への対応の仕方などを獲得する必要性を理解することが望まれます。早く職場や仕事になじみ、分からないことは聞く、学級の問題は周囲に相談する等の姿勢が必要です。

(3) 子供を知ろうとする努力

　学級経営では、担任教師が子供と挨拶した際に普段と違う何かや、授業中の子供の表情の変化から理解できずに困っていることに気付くなど、子供や教室全体の空気の僅かな変化を感じ取れることが非常に重要です。

　そのための観察力や感性を身に付けるには、子供に対して常に「見ようとする」「聴こうとする」姿勢でいること、「子供の立場でものを考える」「なぜそのような行動をしたのか意味を考える」努力が必要です。

　また、優れた教師の授業を見ることも有効です。教材や発問、展開の仕方も大切ですが、教室環境や子供の座る姿勢、さらに子供への励まし

第3章　学級経営力を高める

や配慮を見て取ることが学級経営に役立ちます。授業の質と学級経営とは密接な関連があり、活発な授業は良好な学級経営を土台として成立しているからです。

2　3年目までに身に付けておきたい資質・能力

(1)　省察の結果を次の指導に生かす姿勢

　4月当初に登校指導に立っていた行政出身の副校長が「校長や他の先生と違って子供が挨拶を返してくれない」と悔しがったことがありました。それからしばらくして「やっと分かりました。子供と目を合わすことです」と言った笑顔が新鮮でした。そうなりたいという目標と意思、自分の行動に対する振り返り、改善への気付き、改めてその大切さに思い至った次第です。

　学級経営において、個と個をつなげて、生活と学習を学び合う集団を形成していくのは高度です。省察を繰り返しながら指導を改善する他ありません。子供の姿は教師の鏡であり、できなかったことができた時の子供の笑顔、それが教師の原動力です。子供の変容という成功経験をメインに失敗体験も含めて次に生かしていくことが教師としての成長には有効だと考えます。

(2)　他の教職員の力を借りようという姿勢

　初任の1年目を乗り越えると学級経営の1年間の流れや概要が掴めます。

　フォロワーとまではいかなくとも、積極的に学年の仕事を引き受けることで、学級経営と学年経営との連関や仕事に対する新たな気付きが生まれます。自分の学級の子供は同時に学年、学校の一員でもあるとの認識も深まります。

　ところで、若手教師が子供の実態を多面的に把握し言動の意味を判断するには、学年をはじめ他の教職員からの情報収集・分析が必要です。

その中で子供理解のいろはを学ぶこともできます。さらに、同僚に限らず、様々な人や子供、時にはその子自身から"教えてもらう"ことが、教師として子供を見る目を豊かにしていきます。

　また、学年会議や校内研修等で、自分の考えを積極的に発言することが、学級経営や授業に対する自分の見方、考え方を広げます。自分としてのメンターを発見し、自分のありたい姿を豊かにしていくことも重要です。要は多くの教職員とつながろうとすることです。

3　ミドルリーダーに向かうために身に付けておきたい資質・能力

⑴　学校全体の教職員の動きを見る力

　教職経験がないという前提に立つと、初任の教師の課題は、自分の学級における学習や生活の指導をきちんと行うこと、職場や教師という仕事へ適応していくこと等です。そして、経験を積むにつれて、例えば、学年主任として、学年の子供の問題をそれぞれの教師の力を生かして解決を図ったり、生徒指導部長として、学校全体の生活指導や保護者、地域住民との連携をマネジメントしたりする役割を担うようになります。若手教師は、学年主任をフォローしながら、ミドルリーダーがプレイングマネジャーとして、大脇のいう「ミドル・アップダウン型組織論」[1]のように管理職と教師とをどうつなぐ役割を果たしているかを理解することが必要です。

⑵　コミュニケーション力

　コミュニケーションは学級づくりに不可欠なだけでなく、人間関係の基本です。同僚や保護者とコミュニケーションがうまくとれないと誤解が生じたり、問題が大きくなったり、また、若手教師に留意点を「伝えたつもり」になっていたりすることがあります。チームとしても機能し

ません。

　生活指導の取組でも、目的や具体の内容・方法等について教職員の理解と納得を得て協力を引き出すコミュニケーションが必要です。目的に応じて適切で効果的なコミュニケーションがとれるように、敬語、相槌といったことも含めてコミュニケーション力を高める必要があります。

⑶　引き出しを豊かにする力

　子供への見方が多角的である、問題行動の対応策を複数示せる、カウンセリングの技能やコーチングスキルを身に付けている、アドラーなどの心理学に詳しい、子供理解のポイントを具体的に示せる……教師として尊敬できる部分をもつこと、また、問題解決のための様々な引き出しを増やそうと努力していることが大切です。さらに、先輩の教師として初任の教師に、子供への接し方や学級経営のポイントを教える、子供への理解が進むように他の学校の優れた実践力をもつ教師に引き合わせる、手本となる言動や気持ちを共有できるような関わりをするといったメンター的な役割を果たそうとする姿勢をとることが次へのステージにつながります。

第2節　学級経営の基礎と1年間を通した学級経営の実際

1　学園ドラマからみた教師と子供：教師像の変遷

⑴　熱血先生が支持された時代

　学園ドラマといえば、昭和54（1979）年に放送開始され断続的ですが30年以上続いた「3年B組金八先生」を思い浮かべる方も多いでしょ

う。人情があり曲がったことが大嫌いな熱血教師。子供が衝撃的な事件を起こしても見捨てることなく最後まで寄り添います。同時代には、小学校を舞台にした「熱中時代」も放映されていました。ここでも熱血教師が描かれています。

　平成12（2000）年の前後には、元暴走族（「GTO」）や極道一家の跡取り（「ごくせん」）という一見教師とは思えないような人物が教師となり、子供をリードし問題を解決していくドラマが登場します。教師の子供への熱い思いは同じですが、個性的で主張も強く明白です。描かれた子供の様子や学級の問題が複雑化しているのも特徴です。それは「女王の教室」でも同じです。

⑵　いつの時代にも求められている教師と子供との関係

　子供や学級の姿はその時代の社会の問題を反映しており、教師像も学級担任の教育観だけでなく、社会の文脈の中で変化しています。各年代の学園ドラマとも、学級を一つの社会として描き、子供の問題に正面から向き合い、よりよい方向に導こうとする教師像は共通しています。

　今は目立った学園ドラマはありません。働き方にしても、「24時間働けますか」は過去となり、多忙化が問題となっています。価値観も一層多様化しています。全国学力・学習状況調査への対応にみられる成果主義が強調され、教育問題の深刻化を背景にゼロ・トレランスが広がりを見せています。そのような中で誰からも支持されるような教師像は今やありません。働き方改革が進行する中で、自分がどのような教師像を選ぶか、選択する時代になりました。

⑶　これからの教師に求められるもの

　文部科学省はこれからの教師に求められる資質能力として、これまで必要とされてきた使命感や実践的指導力などに加え、高いコミュニケーション力や新たな教育課題に対応できる力量などを挙げています。周囲

と協力し、チーム力を発揮できる教師、学び続ける教師である必要性もいわれています。

コミュニケーション力やチーム力は人と人とを結ぶ力であり、学級経営の要ともなる力で、スキルの習得や同僚と協働して課題解決を図る中で磨かれていきます。新しい知識や技能も「学び続ける」ことで手に入ります。

では、豊かな人間性や人間的な魅力はどうでしょう。自分がそう感じる教師や人と直接会えなくとも、尊敬できる人、憧れる誰かを見つけることがそのような自分になれる第一歩になるのではないでしょうか。

2　学級経営が目指すもの

⑴　学級とは

学級とは、学習指導や生徒指導など学校に求められている多くのことを効果的に機能させるために、同年齢の児童生徒で編成された集団のことです。これは、明治24 (1891) 年に「児童ノ学力及年齢ヲ斟酌シ学級ヲ別ツヘシ」と年齢による学級制度が決定されて以来、根本は変わっていません。学校生活の大半の時間を過ごす学級は、授業の中で学び合いながら理解を深めていく"学習集団"であり、その在り方が個々の子供の学習成果に影響します。また、学級は子供たちが日常的な触れ合いや当番・係活動などを通して人間関係を深めたり社会性を育てたりする"生活集団"でもあります。

現在、学校では習熟度別少人数指導や縦割り班など様々な集団が組織化されるようになりましたが、それでも学校教育の大きな役割である学習指導と生徒指導は、基本的には、学級を単位として展開されています。

学級は、生活意識や価値観、性向からみて極めて多様性をもつ集団です。さらに、異なった学力の子供たちを、同一教材で学習させるという矛盾を抱えています。その実態から学級経営をスタートさせなければな

りません。

⑵　学級経営の機能

　学級組織はもともと経済的な効率の観点から導入されましたが、学級に存する諸条件に如何に教育的見地から働きかけて子供たちの学習や生活にプラスの効果をもたらすかという経営的発想が強調されるようになりました。この視点からみると、学級経営とは子供たちが学校での学習や生活を適正に展開するための機能として働くものとして、学級担任が学級を組織化し、効果的に運営することです。このため、学級担任は学級内の人間関係の発展、物的環境の整備、事務的な作業など実に多様な仕事を担っています。

　ところで、学級は学年や学校の中の学級であり、学級経営は学校教育目標の実現を目指すものですから、学年経営や学校経営との調和が大切です。学級経営が閉鎖的な学級王国に陥ることは厳に戒められなければなりません。特に思いが先行しがちな若手教師には、学級経営への意欲を削ぐことなくこのことが徹底される必要があります。

⑶　内と外に開かれた学級経営

　逆上がりができない友達の練習に付き添う、さらに学級集団としてその友達の努力を認め励ます、達成したときには皆で喜ぶ……。学級には、このような個と個、個と集団の営みと成長があります。学級担任は、教育的意図をもって自ら個々の子供に働きかけ、自身も子供とつながりながら、子供と子供とをつなげて、学びに向かう集団、学び合う集団を形成し、集団内部の相互作用によって子供たちの行動変容と人間的成長を図っていきます。

　この過程で教師は、子供の言動や様子からの気付きを分析・解釈して指導・支援に生かします。この繰り返しが学級集団の質を高めていきます。

　そのためには、子供たちの実態を多面的に把握し、子供の行動の意味

第3章　学級経営力を高める

をより的確に判断することが求められますが、若手教師1人では困難でしょう。

　この克服には、学年や学校全体の教職員、子供たち、保護者や地域の方からの情報と多様な視点を獲得できるかが鍵になります。子供の育成という協働の視点から、外に開かれた学級経営に努めることが重要です。

　また、拒否的、攻撃的、対立的な学級風土でなく、一人一人のよさや持ち味が認められる親和的で許容的な集団関係を助長するには、グループ活動や協働学習を中心に、子供の思いを生かす活動や子供一人一人が活躍できる場を設けて支持的風土を醸成するなど、内に開かれた学級経営を展開する必要があります。なお、いじめの問題については、どの学級でも起こり得るものという認識に立ち、いじめを許さない学級経営を進めることが重要です。

3　1年を通した学級経営の実際と学級経営の改善

(1)　勝負は始業式からの3日間

　学級経営は担任発表があった時から始まっています。初任であるなしにかかわらず始業式までには、前担任や養護教諭等から聞いて学級の子供の特性や学力の実態、友達関係、家庭環境などの情報を把握しておく必要があります。さらに、出席簿や名簿、時間割等の作成といった事務作業が山ほどあります。

　学年の教師で声を掛け合いながら準備を進めるとミスが少なくてすみます。始業式からの数日間は、今後の1年間を左右します。子供は始業式で紹介された担任をよく見ています。第一印象が後々の学級経営に響きます。教科書の配付、当番の決定などすべきことが多いのですが、大切にしたいのは、所信表明、学習や生活のルールの徹底、一刻も早い授業の開始です。

　目指す学級の姿を表したものが「学級目標」で、子供と担任が意識し

58

第2節　学級経営の基礎と1年間を通した学級経営の実際

て共に取り組むものです。学級目標には、担任が設定する学級経営目標と、さらにそれを踏まえて子供と話し合って決める学級集団の目標とがあります。所信表明は前者を分かりやすくした説明といえます。後者は、目標づくりに学級の子供全員が関わることで、学級への帰属意識の向上が期待できます。子供と話し合って決める学級目標の設定は、子供の実態等をより反映させる必要から急ぎすぎないことです。また、学校・学年目標との関連を押さえ発達段階に合わせて子供が取り組める目標にすることが肝要です。

(2)　学級経営計画

　学級経営計画とは学級担任が作成する学級経営の年間計画で、学級経営目標を達成するためにどのような手立てをとるかを具体化したものです。いわば学級をマネジメントする企画書で、学級の1年間の活動指針となります。形式は多様ですが、内容には、学校・学年、学級の目標、学級の実態、学級の組織とねらい、学習指導、生活指導、教室環境、学級事務、家庭との連携、評価計画などが含まれています。学級経営計画には学級独自の部分と他学級と共通の部分とがありますので学年会や全体で開示し合い調整します。

　学級経営計画は学級経営について、計画→実践→評価→修正・改善→実践というPDCAサイクルに沿って改善を図るために活用します。学級担任だけが評価するのではなく、例えば、ルーブリックを活用して子供たちが自らの活動を自ら評価・改善していくようにすると参画意識が高まります。その際、できなかったことより、できたことに注目させて達成感を味わわせ、次の意欲へとつなげて良循環サイクルが生まれるように心掛けます。教師にとっても、省察を繰り返すことが自身の学びと成長につながります。

　学級経営計画では、学級担任のリーダーシップの在り様を、例えば、先導・統率からコーチングへというように、子供・集団の変化に合わせてど

59

第3章　学級経営力を高める

う変えていくのかが大切な視点になりますが、あまり意識されていないようです。子供の成長に合わせた教師の指導を位置付ける必要があります。

⑶　学級経営力を磨く具体的内容と留意点

　学級経営における教師に期待される役割が、これまでの統率型・管理型から親和型へ、伝達型から問題解決型へと変化しています。このことを踏まえながら、以下に学級経営の主な内容と留意点等について述べます。

＜学級活動や係活動など＞

　学級活動は学級経営が目指す望ましい人間関係の形成や集団生活の創造に直結するので「学校経営の要」といわれます。

　学級活動の中の話し合い活動では、学級や学校の生活上の課題を見つけ、その解決に向けて意見の違いを超えてよさを生かしながら合意形成をしたり、意思決定をしたり、人間関係をよりよく構築したりしていきます。多様な他者と協働する集団活動の意義の理解やルール、ソーシャル・スキルを身に付けさせることを意識して指導することが重要です。また、学級内の組織として、係や当番、生活班などがありますが、それぞれが学級目標を達成するための手段であることを若手教師が理解することが必要です。

＜学習指導と生徒指導＞

　学級経営の視点から、従来の一斉授業よりも、課題解決のために自分の考えをもち、それを互いに交流して考えを練り直して解決に当たるという問題解決型の学習やバカロレアのような学習方法への転換が有効なことは言うまでもありません。主体性や目的意識、子供同士のコミュニケーション量などいずれをとっても大きな違いがあるからです。互いによさを認め合う機会も自ずと多くなります。

　これらの学習方法は、生徒指導の三つの機能を生かし、「自ら考え、判断し、表現する」（自己決定）、「楽しさや成就感を味わう」（自己存在

60

感)、「互いに認め合い、学び合う」(共感的な人間関係)を踏まえた授業づくりとも、新学習指導要領が示す「主体的・対話的で深い学び」とも軌を一にしています。子供の主体的な学習活動も自律的な集団的活動も、学級集団の規律の確立を土台として初めて展開できることを共通理解しておく必要があります。

生徒指導には積極的生徒指導と消極的生徒指導とがあります。前者は自己指導能力を生かす生徒指導で、後者はきまりの遵守といったものです。この理解が若手教師に不足しがちです。さらに、消極的生徒指導では「〜してはいけない」だけでなく、その意義や必要な理由を子供にきちんと理解させることが肝要です。校内でしっかりと共通理解しておく必要があります。

なお、中学校では学習面で多くの教師の指導を受けますし、小学校では専科の授業や交換授業、合同授業等があります。授業方法も含め教師間の共通理解が弱いと指導の方向がバラバラになり、子供が混乱します。学習指導でも生徒指導でも方向性を同じにして実践することが必要です。

＜教室環境など＞

「環境が人を育てる」という言葉もあるように整った教室環境は子供が落ち着いて学習できるために必要不可欠です。割れ窓理論をひくまでもなく、常に整った気持ちのよい教室環境を保つことは、子供に汚しにくい気持ちを抱かせるものです。"荒れ"の予防にもつながります。下校時には机を整えてから教室を出る習慣をつけるなど、清掃も含め教室環境の維持に自分も貢献している意識をもたせるようにします。教師のどんな言葉よりも、教師自らがゴミを拾い、掃除を一緒にすることが大切です。

ミドルリーダーは教室整美や掲示についてもねらいを定め、様々な工夫をしています。若手教師には、放課後、全ての教室を回って各教師が教室環境をどのように工夫しているのかをまず「目」で学び、次に関心

第3章　学級経営力を高める

をもった教室の教師から、「耳」で学んでいける機会を設けるようにします。"真似た"結果、子供たちの姿が変化したと実感したら、若手教師は先輩教師に進んで教えてもらうようになり、それを取り込むようになります。そうなればしめたものです。

第3節 ❖ 子供への理解と対話のポイント

1　安心できる心の居場所としての学級

⑴　変化した教師と子供の関係

　従来の一斉授業では、一問一答といわれる発問→挙手→指名の繰り返しで進行し、教師は子供の"答え"を判定する審判でした。また、言うとおりにしない子供を教師が大声で叱責するなどもよく見られた光景です。教師は教室の中で唯一の大人であり、権力者の側面も持ち合わせています。そこには「教える・指導する」教師と「教わる・従う」子供という構図がありました。

　しかし、伝達すべき知識はすぐに書き改められ、「教える」「教わる」だけでは成り立たなくなっています。また、多くの教師は「人の気持ちを推し量って分かる」子供を高く評価し指導しますが、保護者も子供も個人志向が強くなり集団づくりも難しくなっています。知識伝達型の授業や権力・管理型の指導からの転換や、個人と集団を踏まえた指導の確立が迫られています。

⑵　まずはルールの徹底

　学級は、子供たちの「心の居場所」となることが求められています。

そのためには、子供が互いに認め合う共感的な人間関係が基盤になることはいうまでもなく、教師が子供の思いや考えを尊重することが求められます。しかし、集団生活を送るモラルやマナーを徹底しておかなくては、学校生活に混乱をきたすのも事実です。学級担任は、居場所づくりとルールの徹底という二律背反で矛盾した役割を負うことになります。年度当初の学級集団は規律が確立されていません。言葉づかいも含めルールの徹底を図り学習や生活の規律・基準を確立してから、子供同士で認め合う関係づくりを進めるのが実際的でしょう。教師から子供への縦糸を先に通し、それに子供と子供という横糸を紡いでいく学級経営の進め方は、学校全体の生徒指導の進め方とも合致します。ただし、ルールの指導にしても個や自主性の尊重にしても、教師にバランス感覚が求められるのは確かです。

⑶ 教師と子供との適度な距離感

　子供との年齢が近い若手教師の悩みの一つに、子供との距離感があります。若手教師には、子供と仲良くなりたいという思いが先行して、叱る場面でも叱りきれずにすませたり、子供を愛称や"ちゃん"づけで呼んだりといったことが往々にしてあります。最初はうまくいっているように感じても、子供には甘えが出てきます。次第に指導が通らなくなり学級経営に支障が出てきます。一旦崩れた教師と子供との関係を修復するのは難しくなります。

　子供との適切な距離を保つには、子供を全員"さん"づけで呼び丁寧な言葉づかいで応接する、指導すべき場面では毅然と指導するなど一貫した姿勢が大切です。若手教師にはこのことをきちんと助言しなければなりません。

第3章　学級経営力を高める

2　子供との信頼関係を築くポイント

⑴　信頼される教師　尊敬する教師

　大人に「尊敬する先生」を尋ねると、「厳しいけれど温かくて、物知りで、約束を破らない……」という印象が多いといいます。慕われるには愛情、敬われるには知識や経験の豊かさ、信頼されるには言行一致ということでしょう。

　子供は、教師の行動や表情、発言をよく見てよく聞いています。教師は言葉だけでなく行動や態度でも子供にメッセージを送っています。言葉で伝わるのは僅かで非言語コミュニケーションが大きいという研究もあります。

　ヒドゥンカリキュラム（意図しないままに教えられていくもの）の概念を学級経営に取り入れ、笑顔で挨拶する、時間を守る、便所のスリッパを揃えるといった姿を日常的に子供に見せるなど、教師の態度や姿勢から好ましい学級文化をつくることを考えたいものです。

⑵　子供を見る

　学級経営では個々の子供の性向や子供同士の人間関係が直接問題になりますので、それらを的確に把握する必要があります。しかし、「○○さんは～したから優しい」ではなく「○○さんは優しいから、～した」という先入観で見たり、子供を都合よく解釈したりといったことがあります。教師自身は無自覚なことが多く、それが学級経営の的確さに影響を及ぼしていきます。

　この対策としては、学校生活調査や学級経営診断調査などを自分の見方とのズレをみるために活かすことや、多くの人から子供の様子を聞くことが必要です。また、「遠足では弁当の中身や誰と食べているか見る」といった先輩教師の知恵から学ぶことも大切です。「子供と遊べ」とい

64

われるのも、子供たちの関係や状況を知るだけではなく、その時その時の出来事や思いを共有でき、それが財産になるという知恵です。いずれにしても子供と一緒に行動しないと子供は見えてきません。若手教師に限らず、どの子供とも関わることができる授業を工夫すること、目立たない子供には自分から話しかけること、子供の世界の流行にも関心をもつことなどに心掛ける必要があります。

(3) 理解と対話のポイント

　子供との対話で大切なのは、まず子供を1人の人間としてみて接することです。さらに、受容や共感的な理解を基本に、子供の声にどんな時でも耳を傾ける姿勢、笑顔、目線を合わせること、傾聴、頷きや相槌といったスキルを身に付けることが挙げられます。

　また「三つ褒めて、二つ叱れ」「叱る時は離れた所で、短く、分かりやすく、褒める時は皆の前で」と昔からよく言われてきました。ところが、担任に譲れない「何か」がある場合には、その一線を越えた子供に「行き過ぎた」言葉や態度で指導しがちです。心しないといけません。「納得」からはほど遠く、叱られている友達を見て嫌悪感や恐怖心を抱く子供も出てくるからです。

　「褒める」ことが苦手な教師には「認める」ことを勧めます。黙々と役割を果たしている、低学年に親切に接しているなど、子供の素敵な姿を認め伝えることで、子供の他者理解も深まり、学級に良い循環が生まれます。

3　学級の問題への対応

(1) 「荒れ」の兆候

　授業がなかなか始まらない、私語やトイレに行く子供が多くなる……。「荒れ」の兆候だということに気付かない、もしくは、問題を抱え込ん

でしまうケースがよく報告されています。学年の教師や管理職に初期の報告がないと対応が後手に回ります。「こういう子供の姿が見られたらすぐに相談する」ことを予め徹底しておき、教師の孤立化を防ぐようにします。

　回復に向けて学級担任が一番にすべきは、他の教師の応援を得ながら、担任としての自分に不満をもつ子供や、その周りにいる同調する子供を把握し、不満をもつ子供の言い分を本人が「ちゃんと聞いてくれた」と感じるまで耳を傾けることです。少しでも改善できる点は、子供に見えるように変化を加えます。なお、席の並び方を班に変える、プリントなどの「作業」の比率を上げるのも一方法です。鍵になるのは、上手くいかなかったやり方を続けても効果が見込めないという判断です。自分の子供観・指導方法を転換する、別な手立てを考えるなど、学級経営に柔軟性をもたせる必要があります。

⑵　子供同士のトラブル

　子供同士のトラブルでは、事情を丁寧に聞き取って事実を確認し指導やサポートをしていきます。子供が少しでも「精神的な苦痛」を感じたのであれば、ふざけ合いであってもいじめだと判断することを共通理解します。

　いじめに対しては、被害者の側に立ち把握した事実に基づいて迅速にチームで対処する等が基本ですが、キーパーソンはその入り口にいる担任です。担任の判断が「些細なこと」「被害者にも問題がある」といったようだといじめが再発したり、エスカレートしたりする可能性が大きくなります。

　こういった甘い認識にならないためには、４月当初の校内研修会で対応の具体を共通理解するだけでなく、核心部分を「風邪を肺炎にしない」といった合言葉にして、その都度、この合言葉のもとにミドルリーダーを中心に全員で取り組んでいくようにします。また、比べる、レッテル

を貼るといったいじめを助長する言動にならないように教師も注意が必要です。

⑶　保護者との応接

　教師にとって保護者対応は最も気を遣います。特に子供同士のトラブルやいじめの場合はどう伝えたらよいか迷います。「謝ってほしい」「悪いのはウチの子だけど、そこまで叱らなくとも」……。被害者側も加害者側も保護者は、いじめというだけで冷静ではいられなくなるものです。まずは保護者の気持ちを受け止めることに専念します。その上でとった対応や今後について説明をしていきます。一連のプロセスを経て問題が解決しても保護者は忘れてはいません。怪我やトラブルなどが発生し対応した3日後、1週間後、1か月後……のスケジュール表の欄に、当該の子供のイニシャルを書いておき、その日が来たら保護者に今の子供の様子を伝えるといったように、教師も保護者に忘れていないことを伝えることが肝要です。また、保護者には予めいじめの判断基準とともに、からかいから恐喝までいじめにはレベルがあることと、それに応じた指導があることを理解してもらっておく必要があります。

第4節　学級経営力の向上のための校内体制

1　学年・学校の取組等

⑴　若手教師に対する学校独自の研修

　若手教師が、社会人として必要なスキルや子供理解のポイントなどをしっかりと身に付けることができる研修を計画的に実施する必要があり

ます。

　A小学校では、「アウトプットすることで学びが確かになる」という考え方を大切にして研修を年4回組んでいます。

　1回目は、電話の応対や挨拶の仕方といったマナーの基本的事項を若手教師が分担執筆してテキストを作り、それを基に意見交流するというものです。2回目は子供理解のポイントについてです。1回目と同様の流れですが、選んだ項目は1学期の子供との関わりとリンクさせることが必須になっています。3回目のテーマは、夏季休業中に丸々3日間実施する保育実習、4回目はビデオに撮った自分の授業です。いずれも同様の流れで気付きを交流しています。これらは、数年後に自分で振り返りができることを考えて文章化され、残しておきやすいように冊子にされています。

　なお、このA小学校では、校長が、新採3年目までの教師に「夏休みの宿題」を出しているとのことです。例えば、初任の教師には、『生徒指導提要』（文部科学省 2011）を読んで自分で一つの章を簡単にまとめるという課題が与えられています。

⑵　学年の教師間のコミュニケーション

　「学年」は学校教育目標の実現に向けた協働組織であると同時に、学級担任が1人で問題を抱え込まずにすむサポート組織としても機能します。学年組織が若手教師の育成に資するには、教師間のコミュニケーションが活発である、各学級の問題が学年の問題として取り組まれている、若手教師を育てる雰囲気があるといった要件が備わっていることです。学年がチームとして機能していれば、若手教師は、子供に対する多様な視点や接し方のポイントなどを得て学級経営力を高めることができます。また、合同授業や交換授業、学級のオープン化などで学年の教師が各学級を行き来することで、若手教師のみならず学年の生徒指導の機能を高めることができます。チームの機能が十分でないときは、コミュニ

ケーションの活性化を図らなければなりません。

学年では、運動会の団体演技の指導を若手教師に任せ、学年の教師がフォローするというように若手教師に役割と責任をもたせて仕事を経験させていきます。その際、学年主任を中心に若手教師によい点と課題を指摘することが必要です。「期待し、機会を与え、鍛える」ことで育成を図ります。

(3) 学年の教師以外とのコミュニケーション

学級の子供には、同学年の教師だけでなく、養護教諭、栄養教諭、習熟度別少人数指導担当、専科教員、インクルーシブ教育担当など様々な立場の教師が関わっています。クラブ活動や委員会活動等でも全校の教師が分担して担当しています。さらに、スクールカウンセラーやソーシャルワーカー、生活指導支援員といった外部人材も配置されるようになりました。

学級担任にとっては、様々な教師に、子供を認め褒めてもらうことによって支えてもらったり、別な角度から見た子供の姿を教えてもらったりできます。若手教師には、雑談でもよいので自分から積極的にコミュニケーションをとるなど関係づくりをして、その人から吸収できるものを何でも吸収する貪欲さが求められます。

(4) 子供と向き合う時間を確保するための多忙化解消

若手教師は、教材研究に追われているだけでなく、例えば、子供と遊ぶ、日記指導を毎日するなど、自分の思い描く理想に近付くために無理をしがちです。こういう時期も大切ですが、そのために、教師がイライラしていたり疲れていたりといった余裕がない状態は、学級経営にマイナスです。

教師が子供理解を深めるためには、落ち着いて子供を見ることができるゆとりが必要です。触れ合う時間も確保したいものです。管理職が働

第3章　学級経営力を高める

き方改革をリードして、自校の実情に合わせて教師の業務分担や事務などの軽減に努めます。例えば、週に１回、放課後に会議や研究授業の討議会など入れずに"子供と向き合う時間"を確保する、整理をして探すムダを少なくして事務仕事の効率化を図る、長期休業中に会議や研修をするといったことです。さらに、全教職員からアイデアを募ったり、若手教師も入れたプロジェクトで削減案を練らせたりして、実行可能な内容から実行に移していきます。

2　自主的な研修組織の事例

⑴　自主研修組織の維持・発展

　大都市にあるＢ小学校では教職経験10年以下の教師が増加し、現在、全体の３分の２を超えています。この小学校では、６年前に当時の研究主任が若手教師に呼び掛けて、月に１回、自分の授業を見てもらおうという自主的な研修組織"ツキイチの会"が発足しました。一人一人を大切にした授業をしたいという若手教師の思いからです。この会の発足には、若手教師を応援し育てようというＢ小学校の雰囲気がありました。また、教務主任や学年主任の他に、子供の相談にのってくれる指導教諭、体育科の指導に長けた中堅の教師など、多様なリーダーの存在があったことも見逃せません。

⑵　授業づくりと子供理解

　現在、名称は"四つ葉会"に変更されていますが、テーマは「一人一人を大切にした授業」で発足当時と同じです。主な活動は、自主研修会の開催、輪番制で行う週１本の研究授業、班毎に各学期に１本行う研究授業です。

　指導案づくりでは、子供の実態から、子供がどう考えどう動くかに絞って、研究主任、学年主任、四つ葉会の総リーダーも加わって検討がされ

70

第4節　学級経営力の向上のための校内体制

ています。このことが自分の学級の一人一人の子供や学習集団としての学級を改めて見つめ直す機会になったと授業者になった若手教師は異口同音に言っています。また、各班のリーダーにとっても、ミドルリーダーにとっても学びになったといいます。研究授業の参観はフリーなのですが、ミドルリーダーの参加率は高く、他の教師の自主参観も活発です。さらに、研究授業後には、先輩からの指導や助言に基づいた反省と各リーダーからのコメントがついた"四つ葉通信"が発行されています。

(3)　若手教師の成長

　B小学校の教頭は、若手教師の成長を次のように述べています。

・校内会議でも自分と異なる意見も取り入れながら、「子供のためにどうするか」の一点で話し合うことができ、同じ方向性で学校運営に参画しようとする姿が多くなった。このことが子供にもよい影響を与えている。

・互いに切磋琢磨する関係もみられるようになった。先輩教師の頑張りがよい刺激であり、よいモデルとなっている。

　このB校は、ICTのモデル校としても、安全・安心な学校づくりの推進校としても高い評価を受けています。このような一つのものに皆が取り組み、本音で指導案を叩き合う研究推進活動を基盤に、教職員には同僚性と高い協働性が形成されています。また、ミドルリーダーの言動からは、若手教師に対して、足らずの指摘よりもファシリテートすることに力を入れている考えが読み取れます。これらのことが若手教師の学級経営力を高めていくことに影響を与えているのです。

[注]

1)　大脇康弘「教育指導職の育成をめぐる動向と論点」東アジア教員養成国際共同研究プロジェクト編『「東アジア的教師」の今』東京学芸大学出版会、2015年

第3章 学級経営力を高める

コラム

中学校の生徒指導力を高める

堺市教育委員会指導主事 **木田哲生**

1 力の生徒指導

　次のやり取りは、ある中学校での、新任男性教師と中学2年女子生徒の
やり取りです（本当は大阪弁ですが、読みづらいので一部修正しています）。
　男性教師「その髪の色（茶色）は校則違反だから、授業は受けさせない」
　2年女子「はあ？　べつに誰にも迷惑かけてないのに、何で？」
　男性教師「髪を染めたらいけないっていう校則がある」
　2年女子「だから、髪の色が茶色なことが誰に迷惑をかけているんや」
　男性教師「ダメなものはダメだ。みんな守っていることだ」
　2年女子「他にも染めている人いてるし、私にばっかり言わんといて！」
　男性教師「とにかく、授業は受けさせない。髪の毛を黒くしてきなさい！」
　2年女子「意味わからんし。こんな学校、二度と来るもんか！」

　この中学校では近年、髪や服装などで違反する生徒が増えてきていまし
た。一般的に、生徒の間に不満やストレスが蓄積され、教師と生徒との信
頼関係が崩れ始めると、これまで守られていた校則を逸脱する生徒が増え
てきます。このとき、生徒を通じて保護者との信頼関係も崩れやすくなり、
生徒の逸脱行為を加速させます。そうなると教師は「このままだと他の規
律も守れなくなり、何をしてもいいという感覚が広がり、大きく荒れてい
くのではないか」と危機感を強く感じます。危機感を感じた教師は、校則
（茶髪や服装など）に対する指導を強化し、違反した者には寛容さゼロで
ペナルティを課す等、いわゆる「力の生徒指導」に傾いていきます。

2 校則が生徒指導の要？

　校則は安全で安心な生活を送るため、事前にトラブルを回避したり、大
きくなるかもしれない荒れを防いだり、またスムーズに学習が展開できる
ようにする役割があり、生徒指導では大切なものです。

コラム

　しかし校則に対する指導で重要なことは、校則はあくまで、教育目標を達成するための「手段」であって目的ではないということです。すなわち「校則を通じて、どのような子供に成長させたい（してほしい）のか」「なぜ、この校則を守ってほしいのか」という指導の目的がある程度、子供や保護者に伝わらなければ、理解を得られません。

　もし、校則が目的化されれば、教師は校則を完璧に守らせることにエネルギーを注ぎはじめ、成長に欠かせない失敗に対しての寛容さを低下させ、「校則だから」という無機質（愛情に欠けた）な指導が増加し、子供とのコミュニケーションの機会を失う恐れがあります。冒頭の男性教師も「校則だから」と繰り返し、「とにかく、授業は受けさせない。髪の毛を黒くしてきなさい」と子供とのコミュニケーションが寸断されています。もう少し言うと、男性教師は「なぜ、校則を守ってほしいのか」という校則の目的（生徒への愛情）を女子生徒に伝えておらず、それは教師の思考停止を意味します。

　このように校則が目的化してしまうと、生徒だけでなく、教師にとっても思考停止の「問答無用」状態に陥り、これは「校則に拘束される」状態だと言えます。このような状態では、教育で最も大切な信頼関係の構築は難しく、学校の立て直しも遠ざかってしまいます。

3　「信」なき者、教育なし

　「信」という字を辞書で調べると、いくつかの説明の中に「伝達のための手段」という説明があります。どれだけ素晴らしいことを言っていても、自分が信用していない人間が言っていることを受け入れようとは思いません。

　生徒に「伝える」のが教師の仕事です。厳しいですが、伝わらないのは生徒のせいではなく、やはり教師の責任だと思います。

　さて、冒頭の男性教師は、実は新任の頃の私です。今でも女子生徒には申し訳ない気持ちでいっぱいで恥ずかしい限りです。その後、先輩教師が指導して、女子生徒は茶髪をもとに戻して、宿泊訓練に行きました。先輩教師は、誰よりも女子生徒を深く理解し（家庭状況等）、それが女子生徒に伝わっていました。宿泊訓練に参加した女子生徒は最高な笑顔でした。

第4章
授業を創る力の育成

岸田蘭子

京都市立高倉小学校校長

第4章　授業を創る力の育成

●本章のポイント

①初任のうちに身に付けておきたい資質・能力

子供に寄り添い児童理解や教材研究がいかに大切かに気付き、謙虚に素直に授業が上手くなりたいと思えること

②3年目までに身に付けておきたい資質・能力

失敗から学んだことや同僚・先輩から学んだことを丁寧に自分の授業改善に生かし、自己の課題を捉えること

③ミドルリーダーに向かうために身に付けておきたい資質・能力

組織の中の自分の使命を自覚し、校内の授業改善の活性化、他の教員とともに研鑽を深められるように牽引すること

第1節 ❖ 教師にとっての授業を創る力

1　初任のうちに身に付けておきたい資質・能力

　まず、教師になって一番大きな仕事は毎日の授業です。1日のうちで子供と過ごす時間の大半は授業の時間だからです。学校の一番大きな役割もまた授業を通して確実に学力を身に付けさせていくことです。1時間たりとも無駄にすることはできません。意図的・計画的に1時間の授業を創れるようにならなくてはなりません。そのためには、教材研究や正しい児童理解がいかに大切かも分かってきます。そうそう簡単に授業というものはできないということに気付くことこそが、初任者にとって必要なことかもしれません。謙虚に耳を傾け、素直に授業が上手になりたいと思えることが大切な資質・能力といえるでしょう。

2　3年目までに身に付けておきたい資質・能力

　初任者としての1年間に学ぶことは多かったはずです。たくさん失敗もしたかもしれません。しかし、2年目・3年目も同じ失敗をしていたのでは、何年たっても進歩は望めません。失敗から学んだこと、同僚や先輩から学んだことを丁寧に自分の授業改善に生かす習慣を身に付けることが大事です。自分のスタイルを確立するには早いので、できるだけいろいろな指導法にチャレンジしたり、積極的に人に授業を見てもらったりして、自分の課題を整理することが大事です。また、多様な場面に適応できるように多様な手法を知り、自分の引き出しを増やしていくことも必要です。子供を見る目も初任者よりは余裕が出てくるはずですから、個に応じた指導や課題のある子供への支援についても考えた授業がつくれるようになっていってほしいと思います。

3　ミドルリーダーに向かうために身に付けておきたい資質・能力

　学校組織におけるミドルリーダーの果たす役割は大きいです。自分一人のことだけを考えているわけにはいかないからです。学年主任や研究主任として、お手本となる授業づくりのノウハウを示していくことも必要です。学校総体としての力量が高まっていくように組織的に自分の使命を自覚して、研鑽していかなくてはなりません。そのためには、校内の授業研究の活性化はもとより、他校の実践に学んだり、様々な最新の情報を入手したりしながら自校に持ち帰って、他の教員とともに研鑽を深められるように牽引していかなければなりません。

第4章　授業を創る力の育成

第2節 ◆ 新学習指導要領で目指す授業づくりのために

1　新学習指導要領で求められる資質・能力

　平成29（2017）年3月31日に公示された新学習指導要領において、改訂の主な考え方として3点示されています。

○　教育基本法、学校教育法などを踏まえ、これまでの我が国の学校教育の実践や蓄積を生かし、子供たちが未来を切り拓くための資質・能力を一層確実に育成すること、その際に子供たちに求められる資質・能力とは何かを社会と共有し連携する、「社会に開かれた教育課程」を重視する。

○　知識及び技能の習得と思考力、判断力、表現力等の育成のバランスを重視する現行の学習指導要領の枠組みや教育内容を維持した上で、知識の理解の質をさらに高め、確かな学力を育成する。

○　先行する特別教科化（小・中学校）などの道徳教育の充実や体験活動の重視、体育・健康に関する指導の充実により、豊かな心や健やかな体を育成する。

　そして、各教科等における学習の目標や内容等が、「知識及び技能」「思考力、判断力、表現力等」「学びに向かう力、人間性等」の三つの資質・能力の柱で再整理されています。このような資質・能力を育むために、主体的・対話的で深い学びを実現する授業づくりが求められると述べられています。

2 資質・能力ベースの指導観をもつ

　かつて指定された教材や学習内容さえ身に付けておけば、学力の習得と見なされた時代もありました。それは、身の回りの日常生活や人々の認識、社会の変化が緩やかな時代だったからです。しかし、これからの時代は、変化も激しく、先の見通しが立ちにくい状況にあり、現時点で最新の知識や技能であったとしても、それがいつまで通用するかは分かりません。変化に対応するためにその時々の課題を解決できる「学力」こそ必要になっていくのではないでしょうか。

　したがって、これからは、予め「決められた題材」を分かり易く上手に伝える授業力だけではなく、目指す学力を児童に育むために最も適した題材を選んだり、授業を構成したりできる力が問われてくるのです。

　そのためには、子供の発達の道筋を理解し、子供の興味・関心・実態や地域の特性など諸種の条件を考慮した上で、育てるべき学力達成に最も適した教材を開発する力も求められています。常に子供目線に立ちながらも、子供に育てるべき資質・能力を明確に捉える力を備えて授業づくりに向かうことが必要なのです。

第3節　おさえておきたい授業づくりの基礎技術

1 授業規律を大切にする

　いくら立派な学習指導案が出来上がったとしても、1時間の授業をつくるためには、そこには表れてこない基礎となる授業技術が必要です。

第4章　授業を創る力の育成

　ここでは、毎日教壇に立つ教師に欠かせない基礎的な授業技術に触れることによって、いかに子供の育つ姿が変わっていくかについて述べたいと思います。

　小学校の場合には、授業の一単位時間は45分です。この45分の感覚を身に付けるには、ある程度の経験が必要です。教師になりたての頃には、やたらと丁寧に導入に時間をかけすぎて、肝心の子供が主体的に活動する展開の時間になると時間が足りなくなって、まとめは曖昧になってしまうといったようなことは、教師なら誰しもが経験したことがあるはずです。しかも、取りこぼしたことを次の時間に繰り越していくと、どんどん単元の予定の時間数を超えて、進度が遅れて学期末に大慌てするなどといったトラブルにも陥ることがあります。

　できるだけ、4月の早い時期に、校内で授業のルールづくりをしながら、どの学年でもどの学級でも守ってほしい授業規律や授業の展開の仕方について共通理解を図っておくことが望ましいでしょう。

　教科の特性にもよりますが、若手教師が陥りがちなことがいくつかあります。

・教師の指示を聞いたり、友達の話を聞く姿勢が育っていないので、指示が通りにくく、活動に時間がかかる。
・本時の目標があいまいなまま、活動の指示だけを与える。
・活動の指示や発問が抽象的なために子供がとまどい、活動に時間がかかっている割には目標にせまる活動になりにくい。
・授業の準備が不足しているために、子供の学習活動が保障できない。
・焦って、教師が一方的にまとめてしまう。
・評価の視点があいまいなので、子供も満足感が得られない。

　では、未然にこのようなことを防ぐために、どのようなことを心掛けておけばよいのでしょうか。

・学習の構えができるまで、徹底的に待って、確実に全員が学習の準備ができていることを確認してから話をする。

第3節　おさえておきたい授業づくりの基礎技術

・友達が話す方を向いてしっかり聞く。全員に届く声の大きさでしっかり話す。これを根気強く、徹底させる。
・学習に必要な教室環境を整えることを心掛ける。

　そして、"45分（50分）で勝負する"ことを意識すると、1分たりとも無駄にはできないことが分かるようになってきます。そのためには、日常から学習規律を身に付けさせて、学習に対する構えの姿勢を学習集団として育てていかなくてはなりません。また、授業に必要なことの準備や、効果的な教具や教材づくりの工夫や環境の整備が必要なことも自ら気付いていくはずです。

2　「めあて」と「振り返り」の意味

　毎時間の授業には必ず、"目標"と"評価の視点"があります。学習指導案の本時についても必ず書かれています。しかし、実際の授業を見ると、その文言が少しぶれることによって目指しているところがずれてしまうことが多々あります。めあての文言を吟味すること、すなわち目標分析をしっかり行うことです。管理職が若手教師の授業を見て助言を与えるときにも、必ず事前にも事後にもここを軸に話をすることは重要です。そして、教師はそれを考えているだけでなく、板書やノートに"本時のめあて"として残すことで、子供と共有しなければなりません。授業の核になる活動はどこを目指しているのか、「活動あって学びなし」といった授業にならないために、吟味した言葉でめあてを確認します。そして、授業の最後の"振り返り"の活動も大切です。「今日の学びは自分にとってどうであったか」「めあてに対応して、自分の学びはどうであったか」というメタ認知力を身に付けていくことにつながります。学習の内容を身に付けると同時にこのような自分の学びを見取る力を学校総体で育てていくことによって、子供は体系的に充実した学びの姿を実現していくことができるのです。

81

第4章　授業を創る力の育成

3　学習形態にも意味がある

　授業研究をしていく中で、学習形態についても様々な議論を重ねていく場面があります。「ここはペアで話し合わせた方がよかったのではないか」「ここは１人で考える場面があってもよかったのではないか」「全体で話し合うことによって学びは深まるのではないか」……、様々な意見が教師間で交わされます。そして、「指導案上にも学習形態を意識できるように、明記することにしよう」ということになることもあるでしょう。

　しかし、若手教師は、今度はそれにとらわれて、往々にして先に学習形態ありきの指示を出してしまいます。

　大切なことは、「何のために１人で考える時間をとるのか」「何を話し合わせるためにペアにするのか」「何のために全体で話し合うのか」、それぞれの意味や深めたいことを明確にできているのか、それが子供に伝わっているかです。45分（50分）を無駄にしないことから、１人学びは何分、ペアは何分、全体で何分と計画しておくことは重要ですが、子供の発言を聞いてみると、１人学びから全体の話し合いまで同じ意見を何度も言い続けているような授業にはなってはいないでしょうか。

　学習形態とともに、教師の投げ掛ける指示や発問などの切り返しは大事な役割を果たします。子供は忠実に、教師の発言や動作に注目しています。

　大好きな先生の話に耳を傾け、期待に応えようと頑張るからです。

　二つのやり取りを比べてみましょう。

T「では、まず１人でこの問題を考えてみましょう。」
T「次に、ペアで自分の意見を発表し合ってみましょう。」
T「いろいろな意見が聞けましたね。では次に全体でも自分の意見を出し

合ってみましょう。」

　自分の考えを何度も他の人に伝えることで、子供の意見は多くの人に伝わり広がってはいきます。しかし、そこに深まりは見られません。
　では、このような展開はどうでしょう。

Ｔ「では、まず１人でこの問題を考えてみましょう。」
Ｔ「今からペアで話し合ってみましょう。自分の意見とどこが違うか発表してもらいましょう。」
Ｔ「いろいろな意見が聞けましたね。では、今度は全体で、自分の考えとペアの人の意見はどこが違ったのか、発表してください。自分のペアでは出なかった考えがあったところは、どこがどのように違うのか、どの考えが一番よいと思うか意見を述べてください。」

　どちらも個別→ペア→全体を踏まえた展開なのですが、ものの見方や考え方が広がったり深まったりするような授業づくりをするためには、子供の頭や心の中で何が起こっているのか想像を働かすことが大事なのです。型どおりに展開を流したからといって、期待する反応は出てきません。このような実践を何度も繰り返しながら、検証を重ねることによって授業技術というものは磨かれていくのです。教師が子供に育てられるというのは、こういうことなのではないでしょうか。それが実感できる教師を育てていく組織としての風土が大切であることはいうまでもありません。

4　構造的な板書を目指す

　教師に必要な授業の基礎技術の一つに"板書"があります。小学校の授業では特に大切な技術です。まず、見やすい板書であることです。板

書を基に子供は自分のノートをつくっていくからです。若手教師なら、まずは文字を丁寧に正しい書き順で書くこと、これは学生時代にもできることですから、教師を目指す学生にはぜひとも教師になる前から準備してほしいと思っています。

また、色のチョークを使ったり、効果的にフラッシュカードを作っておいたりすることでより見やすい板書に近付いていきます。文字の大きさや、配置については、配慮の必要な子供もいますから事前の板書計画をしっかり考えておくようにします。

最後に一番大事であり、一番難しい技術は、いかに板書が構造的であるかということです。1時間の授業の"めあて"と"振り返り"の話をしましたが、板書にも明記するようにします。板書に明記することで、子供たちの意識はぐっと凝集します。導入のタイミングをみて、自然の流れの中で板書します。毎時間、書くことを習慣化していくと「先生、今日のめあては何ですか？」「今日のめあては～ですよね」と主体的にめあてを見つけようとする姿が育ってきます。また、45分の授業の最後にめあてに沿った"まとめ"と"振り返り"を板書に構造化させます。

T「今日のまとめは何て書こう？　○○さんの言葉を借りてまとめるね。」

採用1年目の先生が1年間、教壇に立って、子供と一緒に毎日授業づくりをしてきた結果、自分で獲得したまとめの形です。一方的に教師の言葉でまとめるのではなく、毎時間、子供と一緒にまとめの言葉を探してきていたのです。自分の言葉を取り上げてもらった子供は嬉しそうにノートにまとめを書いています。そして、他の子供たちも「今度は自分の言葉でまとめられるように頑張ろう」といった表情で高め合う学習集団が育ちつつある姿を見ることができました。

「いろいろな先生の授業を見て、自分ならどうしようかと考えてやってみました」ということでしたから、教師間の切磋琢磨が産み出した財産となったのでしょう。板書を校内で見せ合うのも大切な研修になるの

ではないでしょうか。

第4節 ❖ 単元構想力を身に付ける

1 魅力ある課題の提示

⑴ 魅力ある課題を生み出すまで

　子供たちは、毎日、「今日はどんな勉強をするのだろう」と、わくわくしながら学校へやってきます。「明日は、これが楽しみ」と思って、教室で先生が何を言い出すか楽しみでたまりません。「今度はこれを頑張ってみる」と見通しがもてたなら、どんどん自分から「ああしてみたい、こうしてみたい」と自分らしさを見つけながら、輝いていくことができるのです。

　このように、まずは、子供の気持ちが分かる教師でなければ、いい授業はできるはずがありません。「正しい児童理解」といえば、それに尽きますが、子供の思考の流れや一人一人の子供の背景や課題も全て引き受けた上で、目の前の子供たちに「何を身に付けさせたいのか」「何に興味を示すのか」「何を問題解決させるのか」といった教師が一人一人の子供の顔を思い浮べて、自分も子供もわくわくしながら勉強できるような題材を見つけようという熱意とセンスが必要です。一朝一夕には無理でも、そのような能力が身に付くかどうかは、教師の努力によるところが大きいのではないでしょうか。まずは、「子供をよく見る」ことから始めるしかありません。いくら発達原理や発達心理を本で読んでも、目の前の子供から学ぶに勝るものはないからです。次にいろいろな先生同士で、授業を見せ合うことや、一緒に授業をつくる経験が必要です。

多様な子供の見方に学ぶところもあれば、それぞれの教師の経験や持ち味から授業のアイデアが生まれるからです。

　魅力的な課題を生み出すためには、次のような話し合いが必要です。

　まず、「そもそも、ここで身に付けさせたい資質・能力や学習させたい内容はどんなことなのか」。ここをしっかりしておかないと、楽しさだけ追求して、脱線していくことにもなりかねません。教科の本質を外さず、学校が目指している育てたい資質・能力を盛り込んだ課題になっているか検証をする必要があります。

　次に「単元の出口でどんな活動やどんな成果物を設定するのか」。子供の意欲を喚起し、現実的であるかは重要な視点です。教師の思いが強すぎて、子供の思考の流れに無理があるようならば、修正する必要があります。

　そして、「魅力的な課題を解決するために必要な条件をクリアできるのか」。実際に実現するために、必要な条件（時間、場所、人）を具体的に検討することで、子供はもちろんのこと、教師自身がしっかりと見通しをもち、組織的に共有して授業づくりに向かう必要があります。

　さらに、魅力的な課題を解決していくプロセスとなる単元計画に沿って、必要な知識やスキルを習得させ、活用の仕方を学ばせておく必要があります。この学びをどのように見取るかについては、後段で述べたいと思います。

⑵　魅力ある課題の実際

　どのような課題を設定すれば子供が身に付けてきた力を適切に表現したり、実生活に生かしたりできるのかについて、授業研究を行っている京都市立高倉小学校の実践例を紹介します。

　教師は子供たちに、学習の本質にせまる目標に到達させ、獲得した知識及び技能が現実の問題解決の場面で活用でき、実際に生かすことのできる力を身に付けさせたいと願っています。そのためには、成果物とし

第4節　単元構想力を身に付ける

てのパフォーマンスに基づく評価（パフォーマンス評価）の在り方を検討し、学習者のパフォーマンスの能力を引き出すためにデザインされた課題が必要となってきます。そこで、高倉小学校では、パフォーマンス課題に基づく単元構成を行い、実践による検証を重ねているのです。

　算数科を例に挙げてみていきます。低学年では具体物や半具体物を操作したり、絵や図を描いたりしながら、自分の考えを表現したり説明したりする場面が必然的に生まれてきます。中・高学年でも、図や記号などを使って自分の考えを表現したり説明したりできます。また、最高学年の6年生になると、概数を用いての計算、体積や容積を求める公式、小数や分数の計算など、使いこなせる知識・技能がたくさんあります。では、生活の中で実際にこのような知識・技能はどのような場面で使うことができるのでしょうか。

　パフォーマンス課題による単元を構成した実践を見てみます。

＜授業実践＞
第6学年　算数　「立体の体積」
単元計画

1	角柱や円柱の体積を求めるという単元の課題を把握するとともに、直方体の体積の求め方を参考にして四角柱の体積の求め方を考えて説明する。
2	四角柱の体積の求め方を参考にして、三角柱の体積の求め方を考えて説明する。
3	角柱の体積の求め方を参考にして、円柱の体積の求め方を考えて説明する。
4	学んだ体積の公式を活用していろいろな立体の体積を求める。
5	学んだことを活用して、パフォーマンス課題を解決する。

●パフォーマンス課題

　7月に西日本豪雨がありました。そのときに、ドラム缶風呂が利用され、被災地の人々の助けとなりました。5年生では総合的な学習で「防災」をテーマに学習し、学校の地下に防災用貯水槽があることも知りました。もし災害が起こったら、学校で10個のドラム缶風呂を作るのに水を運ぶことになります。ドラム缶は半径30cm、高さ90cm、水を運ぶのには、20L入りのタンク

87

第4章　授業を創る力の育成

を使います。およそ何個のタンクで水を運ぶことになるか求めてみましょう。

●ルーブリック

3	複数の方法で、円柱の体積を求めたり、概数の考えを利用し、20Lのタンクをおよそ何個使って運ぶことができるのかを求めることができる。
2	円柱の体積を求めたり、概数の考えを利用し、20Lのタンクをおよそ何個使って運ぶことができるのかを求めることができる。
1	【支援】考えるために必要なことを整理して、考える道筋を整理したり、これまでに学習して活用できそうな知識・技能を提示する。

2　学習過程としての単元をデザインする

　上述の実践例をモデルに学習のプロセスについて、考えていきます。学習のプロセスに必要なことは、この単元（学習のまとまり）で、「どんなことができるようになるのか」「何を学ぶのか」「ここで学んだことをどのように役立たせ、生活の中で生かせるのか」を学習者の子供たちと共有し、見通しをいかにもたせるかです。

　教科の特性や学習内容、単元の時数によって、いつどのタイミングで、課題について子供に提示するかによって、その効果は変わってきます。計画している単元構想において、いつどのように課題を提示し、課題解決に必要な基礎・基本となる知識や技能を学ぶ必然性をもたせるか、課題解決すること自体が子供の意欲を喚起し、知識や技能を活用して使いこなせる力を引き出す過程を組み立てることができるのかを考えて、単元をデザインすることが大切です。

　すなわち、このように学習過程としての単元をデザインできるようになるためには、冒頭で述べた「正しい子供理解による児童観」とともに「丁寧な教材研究による指導観」が欠かせません。教師が一人立ちして、このような単元構想を立てられるようになるためには、学校組織としての教育実践を蓄積していくことも大事です。そのことについては、第6

第4節　単元構想力を身に付ける

節にも述べていますので参照ください。

3　カリキュラム・マネジメントの必要性を理解する

　このようないくつもの単元構想によって授業実践を重ねていくと、各教科や各単元を単独で考えていくことは難しくなってきます。しかし、その関連を意識することによって、より充実した学習になっていくことが実感できるのです。

　カリキュラム・マネジメントは、全教職員が学校の目指す学校教育目標の実現に向けて、自校の特色を生かしながら、課題解決するためにその方策を実証と改善を繰り返しながら追究していくことに他なりません。教師は日常の丁寧な授業づくりに向き合うことによって、このことに気付いていきます。カリキュラム・マネジメントは自校の子供のために、子供に身に付けてほしい資質・能力の向上を目指しているのですが、結果として、そこに携わる教師の資質向上につながることもスクールリーダーたちは注目しておく必要があります。ミドルリーダーとしての教務主任や学年主任や研究主任などにもそのことを伝えて、若手教師たちを育てるシステムの構築に力を貸してもらわなければならないのです。

　年度当初の４月には、教師集団の異動もありますから、これまでの学校の歩んできた研究の取組の継承と今後の展望が交錯します。新たなメンバーでそれを共有してもらわなければなりません。そのためには、まずは学校教育目標はもちろんのこと、コアとなるぶれない教育理念とその学校の戦略マップ等を示して、学校が目指すところをしっかり明示することが重要です。さらに、前年度の教育課程の見直しを経て、今年度の教育課程について具体にデザインしていく必要があります。次頁は、各学年の単元配列表のサンプルです。

第4章　授業を創る力の育成

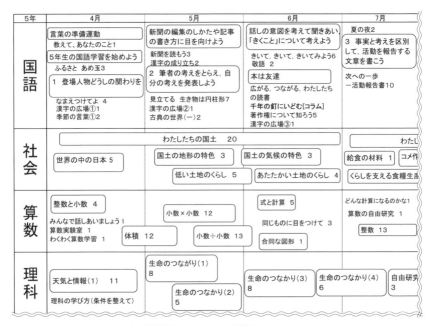

平成30（2018）年度　年間計画表（5年・抜粋）

　このような単元配列表を基にしながら、学年主任を中心に、今年度の教育計画を練っていきます。この表は、担任をもつ若手教師にとっては、何よりの羅針盤となります。常に、現在地点を知り、見通しをもつよりどころとなるはずです。本当は、各教師がそれぞれに自力でこのような単元配列表を一から作れる力が必要なのですが、効率的に確実に学校運営、学年運営、学級運営していくためにも組織でシステムを構築しながら、作成し運用していくのがよいでしょう。教師に力がついてくれば、もっと自由に、工夫しながらマネジメントしてカリキュラムを作る楽しさが味わえるようになっていくはずです。

　このように、1時間の授業づくりに必要な「虫の目」と、学校全体のカリキュラムを見渡して、俯瞰しながらより効果的な単元を構想したり、授業づくりを行ったりするといった「鳥の目」の両方をもち合わせることが教師にとって必要な資質能力ということができるでしょう。

第5節　子供の学びを見取る目を育てる

第5節 ◆ 子供の学びを見取る目を育てる

1　多様な学習評価の在り方を知る

「子供の学習状況」を見取ることは、学習の目標を明確にすることと表裏一体といえます。子供たちに育てたい資質・能力を身に付けさせるために、授業の構想は、どのようなプロセスで、どのような道筋でどのようなことに気付き、どのように学びを深めるかという具体の学習者の姿が描けていないと子供の学びの姿を見取ることはできないからです。

とりわけ、今回の学習指導要領にも見られるように、汎用的スキルを含む「資質・能力」を実質的に育てていくためには、「資質・能力」の要素として取り上げられているスキルがおのずと盛り込まれているような問いと答えの間が長い学習活動、必然的にそうした学びが生じるような魅力的な課題による学習が重要であることは、これまでにも述べてきました。

考える力やコミュニケーション能力を、必然的なストーリー性のある単元構想によって、協働的に深い学びに取り組むことによってこそ、認知的・社会的スキルは知識や態度とも一体のものとして育まれるのではないでしょうか。既存の教科の枠やイメージを超えて、新たな発想で各教科の総合性を追求することもまたこれからの教師にとっては必要な能力となっていくことでしょう。

したがって、学習評価についても、1時間の教科の観点に沿った評価も、具体の子供の学習状況をよく見て、子供の中で何が起こっているのかをよく見ることとともに、単元を通してあるいは、短いスパンではな

91

第4章　授業を創る力の育成

い1年間やあるいは学年をも超えたスパンで、教科・領域を貫いて大切にされている見方・考え方を明確にし、各単元の位置付けを問い直すような学びのダイナミックな総合的な視点での子供の育ちを見取っていく必要も生まれてくるのです。

　学校が目指す資質・能力は、各校の教育課程に反映されていくことから、カリキュラム・マネジメントとそれを見取る評価の在り方としてパフォーマンス評価を取り入れていくことは大変有効な手段と言えます。

2　パフォーマンス課題に基づく授業づくりを通して気付かせる

　カリキュラム改善を進めるに当たって、パフォーマンス課題による授業実践とルーブリックづくりの研修の実践例を挙げながら、校内研修を通して子供の学びを見取る目をどのように育てていくか述べていきます。

　校内研修において、次の点を共通理解事項として、授業研究を重ねていることに注目してほしいと思います。

○　パフォーマンス課題を設定するために、改めて単元で身に付けたい力は何か、それが身に付いた子供の姿はどのような状態に現れるのか、それをどのような形で残すのかを考え、単元や毎時間の目標と評価の計画を立てる。

○　パフォーマンス課題の解決に向けて、1時間1時間の授業でどのような知識や技能を身に付けるようにし、どのような学習経験が必要かを考えて、学習計画を立てる。

○　単元の中で身に付けさせたい力が最も顕著に現れてくると考えるパフォーマンス課題を設定し、予備的ルーブリック（パフォーマンス課題に対するパフォーマンス評価の基準）を作成して授業実践に取り組む。

92

○ 到達すべき基準に達していない子供に対する具体的な手立てを考えておく。

○ 到達すべき基準を子供に伝えることによって、より主体的な学びを生み出し、基準のレベルアップにつながっているかを検証する。

○ 指導途中においても、現在の子供の学習状況をどのようにすれば伸ばすことができるかを評価しながら、指導を改善していく。

○ 授業後、予備的ルーブリックが適切であったか、ある基準を表すのに典型的な記述・発言はどれであったかを検証し、関連単元との関係を考え、長期的な子供の伸びに生かしていく。

このように授業研究を通して、ルーブリックを作成し、成果物を持ち寄って評価し、検証しながら再考するというサイクルによって、校内での研究成果を積み上げることが可能になります。そして、パフォーマンス課題による単元に基づいた学習を行うことによって、子供の学びを見取りながら、より教科の本質にせまる質の高い"教科の力"を引き出す授業づくりへと向かう力が育っていくのです。

第6節 ❖ 授業研究で育つ若手教師

よりよい授業をつくるためには「授業研究とは何か」を具体的に学ぶことによって、研究テーマの設定の仕方や研究の視点に沿って何をどのように検証すればよいのかを知ることになります。

1 「授業をした者が得をする！」学校文化をつくる

ここまで述べてきたように、教師は毎日の授業の中で、１人の力では難しいことも協働的に学び合うことで、力量を高めていくことが可能に

なります。人の授業を見て、気付いて自分に生かしていくことも大事ですが、自らが自分の学級の子供たちと向き合い、授業づくりを通して、子供が育っていく姿を見取っていくことこそ、教師の醍醐味ではないでしょうか。

　学習指導案を書いたり、入念に教材研究をしたり、人一倍苦労をしてでも、授業者がやはり一番得をします。授業を引き受ければ、やり終えて必ず授業者は「やってよかった」と思えるのです。スクールリーダーにはそういう学校文化をつくっていく責任があると考えています。若いうちに、自ら買って出る姿勢を養っておくことで、他校に異動したり、立場が変わってミドルリーダーやスクールリーダーになっても、きっと学校を活性化させ、子供や同僚と協働的に学校力を高めていくキーパーソンになっていくに違いありません。

　多くの学校にそんな教師を次々と輩出できる学校を目指してほしいと願っています。

2　若手を育てるOJTの実際

(1)　授業の事後研究会の仕掛けづくり

　研究授業を通しての事後の研究会のもち方ひとつでも、工夫によって教師は育ちます。全ての教師に一言ずつ発言してもらっておしまいといった研修会も、もう少なくなったと思いますが、主体的に研修できるような参加型の事後研修会にすることが大切です。

　例えば、どんなグルーピングにするか、低中高学年グループがよいのか、教師のキャリア年数別グループがよいのか、意図的に仕掛けておくことで成果も違ってきます。

　また、経験が少ない教師から発言しやすいように働き掛けます。はじめのうちは何を質問したり発言したりしてよいかも分からなかった初任者も、真剣に他の教師の発言を聞いているうちに、授業の視点が分かっ

てくるようになります。また、グループの意見を集約して紙に書いてまとめたり、発表したりという役割も若手教師に振り分けていきます。すると、短時間に分かりやすく意見をまとめたり、端的に人前で発表したりするのも上手になってきます。そういった力は、教室での授業づくりや保護者会や研修会のような場で自分の考えを自信をもって分かりやすく話すという、教師には欠かせない力につながっていくのです。

⑵　ピンポイント研修からロングラン研修へ

　校内の若手教師を育てるOJTでも、工夫すれば次のような取組もできます。いくつか具体例を紹介したいと思います。

①板書コンテスト

　一つ目は、「板書コンテスト」です。教師は、1年間の自分の教室での授業でのマイ・ベスト板書と思う板書をどんどん写真に撮りためていきます。得意な教科や苦手な教科もあるでしょうが、1年間のうちで一番頑張った授業の板書を年度末に応募します。審査員は、校長・教頭・教務主任・研究主任です。コンテストの審査ポイントは、①見やすさ、②計画性、③めあてと振り返り、④子供の思考の流れ、⑤オリジナリティです。毎年、繰り返していくと、教師の長所や得意な面が見えてきます。課題も見えてきます。客観的に、教師間で比べたり、評価したりしてもらうことで、自分の力量の高まりや課題に気付いてもらうこともできます。順位を付けるというよりは、互いの板書をリスペクトすることに意味があると考えています。

②教室掲示物ポスターセッション

　二つ目は、「教室掲示物ポスターセッション」です。日常、忙しいと教師は他の教室で他の先生がどのような教室経営をしているか、どんな掲示物を作っているのか意外と見る時間がないものです。しかし、どの教師も時間を使って素晴らしい掲示物を作って教室環境を整えているのです。この財産を共有してもらうために、各クラスのイチ押しの掲示物

第4章 授業を創る力の育成

をポスター発表してもらうことにします。

　基礎的な知識をいつも活用できるようにクイズ形式にして、繰り返し
学習できるように工夫してあるものや、道徳の学習の足跡を残しながら
１年間の成長を振り返るコーナーや、学習過程に沿って仕上げていった
大型地図、クラスの皆で達成した「めあての木」など目を見張るような
ものが勢ぞろいします。

　自分になかった視点の教室経営を知ることによって、若手教師は皆、
自分の引き出しを増やしていきます。

　研修といえば、その場のテーマに沿って、講師の話を聞いたり、体験
したりすることといった固定観念ではなく、教師に身に付けてほしい力
を考えて、負担をかけることなく、成果を認めて交流できるような息長
く続けられるような研修もまた大事なのではないかと思います。

⑶　主体性を大切にして育てる

　校内のOJT研修は、教務主任や研究主任といったミドルリーダーに
チューター役を担わせることが多いですが、若手教師のリーダー役をつ
くって、主体的に計画を立てて研修させていくことも効果があります。
トップダウンの研修ではなく、自分たちで今一番聞きたいこと、教えて
ほしいことは何かを率直に話し合い、自分たちで計画を立ててみるのも
よいのではないかと思います。

　例えば、「漢字の指導の仕方」「給食時間の指導の仕方」「掃除時間の
指導の仕方」などといったことで、困りを感じていたり、人には聞けな
いと悩んでいたりするものです。しかし、このようなことこそ、侮れま
せん。いつも自信をもって教壇に立ってもらうためには、いろいろな人
の経験や失敗談を聞いたり、人のまねをしてみたりしながら模索する時
間も大事だからです。昔は世話好きな先輩の教師たちが手ほどきして教
えてくれた時代もあったのですが、今こそ、校内にはいろいろな立場の
教職員の知恵を共有するシステムの構築が求められているのです。

96

第6節　授業研究で育つ若手教師

　このように若手教師は学校組織によるOJTで育つ部分が大きいものです。スクールリーダーの助言はもとより、先輩教師から学んだり、校内の授業研究会等を通しての同人意識の中で得ることが血となり肉となっていくのです。

第4章　授業を創る力の育成

コラム

教科指導力の基礎を創る

大阪市立花乃井中学校校長　**文田英之**

1　授業を創る上での研究・理論の大切さ

　「授業」は、教師と生徒が協働して創り上げるもので、内容においては、多様性をもち、魅力的であり、生徒にとって満足感をもち「学び」を実感でき、「もっと知りたい、分かりたい、できるようになりたい」という向上心をもたせることが理想です。

　現在、校長として多くの「若手教師」の「授業」を観察し、支援・指導していますが、常に「1時間の授業づくりのための準備をしっかりとしてほしい」ということを言い続けています。私自身、「若手教師」の時代、「中堅教師・年長教師」の方の授業を見学した時、「こんな教え方があるのか、生徒のやる気がすごい」「生徒が生き生きして、教師との一体感がある」と感じた授業がたくさんあり、「自分自身の未熟さ」を感じ、落ち込んだ時も数多くありました。

　その時「年長教師」の方から、「すぐに、理想の素晴らしい授業ができるはずはない。教師の仕事は授業をしっかりとすること」「授業づくりに関しては、教材としっかりと向き合い、研究すること。次に、研究の成果を生徒の実態に合わせて、しなやかに授業の内容に生かしていくこと。成果が出たら、少し自分をほめて、次にそれは『生徒が頑張ってくれたから』という謙虚な気持ちをもって、もっと努力することが、教師としての本当の成長につながる」「授業は、1時間で評価されるし、さりとて1年間で評価される」ということを教えられました。その都度「授業」の意義の奥深さを感じさせられたものです。

　研究は、「個業」・「孤業」の側面が強いですが、先人の教え、最先端の研究・実践理論に触れることにより、自己の授業づくりの視野・目的は広がりと深さを増します。授業者としての必須は、「これでいい」と満足することなく「生徒のために、もっといい授業を」という意識をもつことです。自己の授業力・資質向上のため、貪欲な研究意欲をもち、ねばり強く取組

コラム

を進めることで、間違いなく授業者としての資質・教授力は向上します。

2　授業を創る上での大局的な視点・実践の大切さ

　新学習指導要領は、「主体的・対話的で深い学び」を改訂のねらいとしています。授業実践において、「授業づくり」について探求する姿勢を大切にし、「生徒に将来身に付けてもらいたい学力・能力」という広義の視点を常に意識することにより、自己の授業づくりが、幅広く、豊かなものに発展していくことは間違いありません。

　授業は、学習環境の整備、基本的な学習態度のルールなどが確立されていることが前提の「授業規律」の要素、授業者として授業実践の「指導技術」の要素、「教科指導・研究心」の要素が複合的に合わさり、創り上げられていきます。その中でも、「教科指導・研究心」の要素は、最も重要です。

　その観点は、①教科の専門的知識が授業に反映されている、②生徒の実態に即した授業展開、授業づくりがされている、③多様な指導方法で、質の高い授業が行われている、の3点です。「授業規律」の確立、「確かな教科指導力・授業実践」「研究された質の高い授業内容」が相互に関連して、授業づくりがなされ、生徒との信頼関係が構築されることが理想です。

　今日、学力・能力の向上が強く求められています。授業者がしっかりとした「学力観」をもち、生徒が「学ぶ喜び」「知る楽しさ」「できた充実感」を実感できる授業実践があれば、自ずと生徒の主体的な学びは広がりを見せます。

　急激に時代・社会は変化し、世代交代が急速に進み、今後「若手教師」には、より高い専門性と熟達した「授業力」が求められます。他方、スクールリーダーには、明確なビジョンをもち、学校総体としての「授業力」向上のための実践・研究支援体制を構築するリーダーシップの発揮、マネジメント力が求められます。「チーム」として協働することにより、学校全体の「授業力」が向上するサイクルが確立されることが責務となっています。

　「教師」は、常に生徒のために「学び続ける」ことで、成長させてもらうことができ、その使命を果たすことができると考えています。

99

第5章
保護者への対応力を養う

太田洋子
兵庫県伊丹市立総合教育センター所長

第5章　保護者への対応力を養う

●本章のポイント

①初任のうちに身に付けておきたい資質・能力

とにかく1人で悩まず、学校のルール、保護者とのコミュニケーションの取り方等、先輩の教師に尋ね、聴く力

②3年目までに身に付けておきたい資質・能力

社会人としてのコミュニケーション力、学級経営力・授業力、情報発信力などをしっかり身に付けておくこと

③ミドルリーダーに向かうために身に付けておきたい資質・能力

保護者や地域との協働のもと学校づくりに関わろうとするマネジメント力、傾聴スキル、学校の取組を伝えるプレゼンテーション力

第1節 ❖ 初任からミドルリーダーに向かうために身に付けておきたい項目

1　保護者対応に関する初任者の悩み

「先生になりたい」と熱い思いをもって4月を迎えた新任教師が、自分のもっていたイメージと現実とのギャップに苦労することを「リアリティ・ショック」という言葉で表すことがあります。期待と現実のギャップに対して適応できる教師と適応が難しい教師がいることは事実です。臨時講師等で教職経験があったとしても、初めて担任する場合や、学校のもつ環境の違いにより新たな「リアリティ・ショック」を感じる場合もあります。

A市においては、毎年7月と1月に、新任教師を対象としたアンケート調査を実施しています。平成29（2017）年度及び平成30（2018）

年度のアンケート結果や面談調査を基に、保護者等への対応に関する意識について分析していきます。

「採用前と大きくイメージが違っていたこと」という記述式の質問については、多くの教師が「想像していたよりも忙しい」「忙しすぎて、子供と関わる時間や教材研究の時間が取れない」といった内容を挙げています。この忙しさの原因として、「事務仕事の多さ」だけではなく「保護者との関係づくりに費やす時間」「家庭連絡・家庭訪問が頻繁にある」といった意見を書いている教師もいます。一方、「保護者との関係や対応で悩んでいることはありますか」との質問については、小学校は図1、中学校は図2の結果になりました。

小学校では、保護者対応についての悩みがないと答えた教師は55％と半数を超えていますが、中学校では17％と非常に少なくなっています。子供たちが思春期という多感な時期を迎え、小学校以上に生徒指導上の案件を多く抱える中学校教師が保護者対応の難しさをより多く感じているのではないかと考えられます。自由記述による具体的な悩みの内容については、次頁のようになっています。

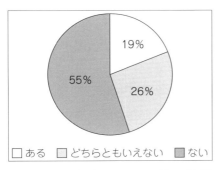 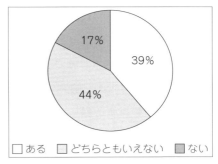

図1　保護者対応についての悩み（小学校（29年度・30年度初任者n＝62））　　図2　保護者対応についての悩み（中学校（29年度・30年度初任者n＝18））

第5章　保護者への対応力を養う

表1　自由記述における保護者対応における悩みの分類　※（中）は中学校教師

分　類	例　　　　示
保護者とのコミュニケーションの取り方・伝え方(8)	生徒指導で問題があったときの伝え方が難しい（中）/言葉を選んで、上手く伝えたいことを表現できない（中）/長欠生徒の保護者との関わりについて（中）/保護者と話すとき、自分を作ってしまう/どのように話したら上手く伝わるか考える/上手く自分の意見が言えない。ぎくしゃくするときがある/保護者と話す時はとても気を遣う/クレームはないが言葉遣いは難しい
保護者との共通理解(2)	生徒指導をして理解してくださる親と子供を保護しようとする親がいるので対応に悩む（中）/かなり心配性な親がいる
保護者との信頼関係(2)	初任だから、当たり前の指導、周りと合わせた指導をしていても、保護者からおかしいと言われたことがある/学級通信を2回ほどしか出せていないため、担任に不信感を抱いてないか心配である
電話対応の手法(3)	電話の対応で困ることがある/電話対応時の言葉遣いが気になる/けんか等の報告をするときの電話をどのようにかけるのがよいか
連絡帳について(4)	連絡帳等の対応を、毎回学年の先生に聞かなければならない（細かいことまで書かれると対応に迷う）/連絡帳に文章を書くとき、「了解しました」だけでいいのか迷う/連絡帳の返事などがどのように返していいか悩むときがある/連絡帳の言葉の使い方が気になってしまう（不快と感じていないか）
副担任として(2)	今は副担だが、来年担任をもったときが心配である/まだあまり保護者と接することがない（中）

　項目の中では「保護者とのコミュニケーションの取り方」に関する悩みが8件と最も多くなっています。中学校においては、「問題行動や不登校等の生徒指導上の課題について保護者にどのように伝えるか」といった点についての悩みが見られます。一方、小学校においては、日々の連絡帳でのコミュニケーションの構築や電話対応の手法に関する悩みが多いという特徴が見られます。これらの点については、年度当初の学年会議等で共通理解を図るとともに、OJTとして、先輩教師が若手教師に範を示すことが必要です。

　A市の2年目の男性教師に、初任者として保護者対応についての聞き取りを行いました。彼は1年を振り返り、次のように語っています。

　着任当初は、学校の細かなルールが分からず、保護者からの質問に答えられませんでした。特に服装のきまりについてはよく質問が出たため、逐一生徒指導担当に確認するなどしました。今年度は担任1年目で若いことを武器

第1節　初任からミドルリーダーに向かうために身に付けておきたい項目

に「これから勉強します」という姿勢で保護者の方とお話するようにすると、うまくいくことが多かったように思います。いじめ対応の際、被害者側と加害者側の保護者の方に何をどの手順で連絡すればいいのか見当がつきませんでした。学年の先生に事細かに確認をしながら対応しました。

　初任時には、電話の受け答えを学んでおくことは必要だと思います。次に記録を取る力が必要です。記録しておくと、保護者とのやり取りに筋道が立ち、誤解を生みにくくなります。今後必要な支援については、教員向けのルールブックがあると心強いと思います。

　彼の話にもありますが、若手教師が急増している学校現場において、「児童・生徒や保護者向けの学校ナビゲーション」「電話対応等のマナーや学校のルール等共通理解事項をまとめた教師向けのルールブック」等を学校が確実に整備、かつ年度ごとに見直しをしていくことが必要でしょう。また、いじめについては、作成が義務付けられている「いじめ防止基本方針」を毎年見直すとともに、お題目にならないように教師がマニュアルとして熟知しておくことが、保護者対応が後手に回らないためのポイントです。一方、記録については、電話対応メモ等を電話の横に置いておき、メモを取ることを日頃から周知徹底しておきます（図3）。時には電話対応をしている若い教

図3　電話対応メモ

第5章　保護者への対応力を養う

師に、そばで聞いていた教頭が「すぐに学年主任と一緒に家に行っておいで」等の具体的なアドバイスをしていくことが「教師を育てる」という視点から大切です。環境整備と声かけにより、管理職は若手教師が不安をもたないよう風通しのよい相談しやすい学校文化を築いていかなければなりません。

2　3年目までに身に付けておくべき対応力

　今津は、「教師という地位だけで周囲から尊敬されるような時代は過ぎ去り、クレームを受けることが当たり前になった現代の教師にとって、対人関係力の重要性がいっそう高まっている」[1]と述べています。教師が身に付けておくべき対人関係には三つあります。「児童生徒との関係」「職員室での教師同士の関係」そして、「保護者や地域との関係」です。特に、児童生徒との関係と、保護者との関係は密接につながっているのです。

　4月、生き生きとやる気をもって新学期を迎えた子供たちは、家に帰ると学校の話をします。保護者も帰ってきた子供に「どんな先生だった？」と必ず尋ねるでしょう。そのときに我が子が「とっても明るくて元気な先生だったよ」「面白い先生でこれからが楽しみ」という返事を返してくれたら、それだけで保護者は安心して、担任への好印象をもつはずです。それが、しばらくすると「学級がうるさくて勉強ができない」「クラスでいやなことがあった」と聞くと、不安や不満につながっていきます。つまり、学級経営と保護者対応はスタート段階から密接につながっているのです。今津は「学校に限らず何事も円滑に運ぶには信頼関係が基本であることは言うまでもない」[2]と述べています。信頼関係を築くためには、初任から3年目までに、社会人としてのコミュニケーション力、学級経営力・授業力、情報発信力などをしっかり身に付けておくべきでしょう。ただ、それは教師一人が頑張って育つものではありませ

ん。校内研究や日々の職員室の会話、すなわちOJTを意識的に活性化して身に付くのです。そういう意味でも、管理職が校内の状況をきめ細かに把握し、若い先生の頑張りを適宜認めていくことが必要です。

3　ミドルリーダーの経験に見る保護者対応

　A市においては、30歳以上で学校の牽引役となる教師を対象にミドルリーダー養成研修を実施しています。その研修会に参加している2名の教師（Y教諭；32歳女性・生徒会担当、T教諭；34歳男性・生徒指導主事）に「保護者や地域との関係づくり」について半構造化面接を行いました。まず、「①自分自身が困ったこと・助けられたこと」について彼らは、次のように答えています。

　事実とは逆のことが保護者に伝わり、聞く耳をもたずに全て子供の話を鵜呑みにされたときは困りました。でも部活の保護者から卒業のときに、「息子の中学校生活を張りのあるものにしてくれてありがとう」と言われた一言に救われました。（Y教諭）
　担任をした生徒の保護者が同僚の先生のことをよく思わず、その保護者の気持ちを理解すべき反面、同僚の先生へのフォローもしなければならないことがあり、この両方を進めていくために問題が平行線を辿り、かなり苦労したことがあります。（T教諭）

　保護者対応に関する様々な経験を通して成長する教師の一端がうかがえます。「②今の若手教師を見ていて気付くこと・感じたこと」については、次のように答えています。

　若い先生方は、保護者に警戒心をもちすぎているのではないでしょうか。協力的な保護者はたくさんいますし、味方になってもらうととても心強く感

じます。保護者と教師でタッグを組み、生徒に向かっていくべきです。そうしないと、生徒は手強くてなかなか変わりません。（Y教諭）

　保護者対応をしているときに、保護者の意思や思いよりも、自身の考えや思いを強調しているように話をしている光景をよく見ます。また、簡単に電話連絡で済まそうとしていることが多く、こんなときは家庭訪問の方がいいのにと思うことがあります。先輩の先生と話をすることを避けていて、雑談レベルでの相談ができていない若手教師もいると感じます。（T教諭）

　「③初任者のときから身に付けておくべき力」については、次のように答えています。

　コミュニケーション能力は絶対に大事です。保護者対応の多くは母親なので、楽しい雰囲気で話してくれるほうが保護者もありがたいと思います。ただ、柔軟な対応の中にも、自分が違うと思ったことは、何を言われようが曲げない芯の強さは必要です。また、最近思うのは、「学校のチーム力」の大切さです。「誰かのために何かをしていたら、いつか助けてくれる人がいる」というような関係性が学校にあれば、安心して対応できるのではないでしょうか。（Y教諭）

　とても単純なことですが、保護者や地域の方々に対して、いつも笑顔で挨拶をすることは大事なことです。このことで、第一印象でまず保護者の心に入ることができるチャンスだと思います。また、いつでも「生徒のために一緒に考えていきましょう。同じ目線で協力していきましょう」というスタンスを持って保護者と接していくことが大切です。自身の考えと合わないと思ったときでも、保護者と共感する姿勢を崩さないことが大切です。（T教諭）

　このように、保護者に寄り添い傾聴することを大切にし、保護者と協力関係を築こうとしていることが分かります。ただ、Y教諭が指摘している「芯の強さ」というキーワードについては考慮しておくべき点であ

第1節　初任からミドルリーダーに向かうために身に付けておきたい項目

ると考えます。民間企業においては、「CS（顧客満足）」という言葉が使われます。サービス業等の市場原理においては、お客さまの満足を獲得し継続的な関係を築いていくことが存続にとって大事な要件です。しかし、学校現場ではどうでしょうか。もちろん、保護者の意見やニーズを学校に受け入れて改革を進めることは大事です。しかし、学校と保護者の関係を単に「サービスと対価」の関係だけで捉えるのではなく、「学校はこういう方針で教育を進めています」といった筋が一本通った経営がなされ、その方針が一人一人の教師や生徒そして保護者や地域の方にも理解されていくことが必要なのだと思います。最後に、「④ミドルリーダーとして自身が実践すべきことや学校として実践すべきこと」を尋ねました。

　まず、自身が地域の活動に積極的に参加することが必要だと思います。少子高齢化が進むにつれ、地域行事の準備や片付けが難しくなってくるので、生徒がボランティアとしてお手伝いができるような校風にしていきたいと思います。地域と学校がWin-Winの関係性を確立することが大切です。
　次にミドルリーダーとしてコミュニティ・スクールの必要性を教師に理解してもらう必要があります。今の教育は、教職員や保護者だけでは、成立しません。コミュニティ・スクールで、保護者や地域の方がたくさん学校に入っていますが、「コミュニティ・スクールを理解していない教員が多いのではないか」と感じます。（Y教諭）
　若手教師のフォローやアドバイスをしながら、ベテラン教師の支えにもなっていけるような立場として頑張っていきたいと思います。そのためには、校内研修等で、様々な年代を交ぜたグループで意見交換を行う機会をつくるべきです。
　また、誰でも共通理解ができるような「１日の流れ」や次世代へ引き継ぐためのマニュアル等を作成することも必要だと思います。（T教諭）

109

第5章　保護者への対応力を養う

　2人とも保護者や地域との対応をマイナスに捉えず、傾聴の姿勢による関係づくりを大事にしつつも攻めの姿勢で対応していこうと意識しています。そして、「ルール等のマニュアルづくりに関わる」「研修の企画等若手とベテランのジョイント役」といったルールとリレーションのバランスを保つ支点の役割を自らが果たしていく責務を認識しています。保護者と教師が一緒に子供を育てる協力関係を築くことや、「地域とのWin-Winの関係づくり」まで考えている点からは、彼らが経験や研修を通して熟達者として成長していく姿が読み取れます。「誰かのために何かをしていたら、いつか助けてくれる人がいるチーム学校」の構築のためにミドルリーダーが果たす役割は大きいのです。

第2節 ◆ 第一印象を大切にした家庭訪問・懇談の手法

1　ノンバーバルコミュニケーションを意識する

　ずいぶん前、ある私立高等学校を訪問したときのことです。初めて入った校舎の職員室前の廊下で「どうしよう」と戸惑っていると、中から出てきた男性教師が声をかけてくれました。「何かお伺いしていますか？」

　その声掛けに安心して、「○○先生お願いします」と言うことができたのです。その一瞬の出来事で、「この学校は接遇マナーが行き届いたいい学校だな」と好印象をもちました。それ以来、必ず来訪者には「お伺いしていますか」という声を掛けるようにしています。また、自校の先生方にも、電話を取ったときに必ず「お待たせいたしました。○○中学校の△△です」と声を掛けることをお願いしてきました。何事にも第一印象は大事なのです。一昔前ならば、口コミ情報で済みましたが、今

の時代は保護者同士がSNS等を介して、リアルタイムでつながっています。「あの先生の教え方は」から始まって「服装」「髪型」「挨拶の仕方」「宿題の出し方」等、あっという間に情報が先行し、イメージが出来上がってしまいます。

　『人は見た目が９割』（新潮新書、2005年）という本が話題になったことがありますが、「この先生はちょっと問題ね」という印象は、一瞬にして保護者全体に影響を与えます。

　一般的に、コミュニケーションにはバーバル（言語）とノンバーバル（非言語）があると言われています。『非言語（ノンバーバル）コミュニケーション』（新潮選書、1987年）によると、ノンバーバルは、「目で見る」「耳で聞こえる」「何か感じる」といった五官を駆使したコミュニケーションであると示されています。

　また、米国の心理学者アルバート・メラビアンは「メラビアンの法則」を提唱しました。伝わることを全部で100％とすると、言語情報（バーバル）の割合は７％にすぎず、ノンバーバルのうち、視覚情報（しぐさや身振り手振り、表情、身だしなみや姿勢等）が55％、聴覚情報（声の大小高低、話のテンポ等）が38％であるという説です。この内容の信憑性は議論されるところですが、経験からも第一印象が相手に与える心理的作用は大きいと思います。４月は、担任の授業参観や学級懇談会そして家庭訪問と保護者と出会う機会が多い時期です。担任のプレゼンテーションの場として、最初の出会いで適切なアピールしておくことがその後の保護者との関係づくりに大きな影響を与えるものです。

　学校訪問してまず気になるのは服装です。体育大会の練習期間中でもないのに、いつもジャージ姿で授業をする教師を見かけます。中には、ほとんどの教師がジャージ姿で授業をしている学校もあります。それが「学校文化」になっていては、緩みの危険ゾーンに入ってしまうのです。学校全体で注意し合い、意識化していく必要があります。

　また、腕組みをしたまま保護者と話をしている教師や、話を聞くとき

第5章　保護者への対応力を養う

に足を組んで座っている教師を見かけることもあります。これもノンバーバルコミュニケーションとしては、「威圧感を与える」「上から目線」といった印象を相手に与えてしまいます。

　一方、挨拶も相手が受ける印象に大きな影響を与えます。以前にいた学校の保護者の方から、「今度新しく入ってこられた○○先生に挨拶をしましたが、返してくれませんでした」というご指摘をいただいたことがあります。その若手の教師に尋ねてみると、自分では全く意識していなかったという返事が返ってきました。「先生になった日から、周りはそういう目で見てますよ。意識して、笑顔で挨拶をしてくださいね」と伝えました。自分の癖はなかなか直しにくいものですが、日頃から気を付けておきたいものです。

2　家庭訪問や懇談で気を付けるべきポイント

(1)　予定はできるだけ早めに決定する

　新任教師の場合は、4月は研修、授業準備と慌ただしく過ぎ、家庭訪問の日程調整まで手が回らないかもしれません。しかし、最近の保護者は、仕事をもっておられる方が多く、その調整のために少しでも早く予定を決めたいと思っています。ただ、家庭訪問は、保護者の都合の確認だけではなく地域ごとに日程を決めて効率よく回れるように設定しなければなりません。保護者は前日から玄関周りを掃除するなど緊張して待っています。4件に1回程度は空白の時間を入れておくなどして時間厳守で回れる計画にする必要があります。また、初めて担任をする場合は特に事前の準備が大事です。家庭環境調査票を確認するとともに、日常気になったことをメモしておく必要があります。先輩の教師が事前に的確なアドバイスをしておくことが大切です。

(2)　保護者の話に耳を傾ける

　10〜15分という限られた時間ですので、子供たちの様子、特に学校の状況でよいこと・進歩したこと・頑張っていることを中心に担任から伝えるべきことを伝えた上で、「ところで、お家ではどうですか？」と話を保護者の方に向け、じっくりと聴くことが必要です。「そうですか」「そのように考えておられるのですね」等、相槌を打ちながら共感的な態度で接することで信頼関係の構築につながります。全家庭を4〜5日で回る家庭訪問ですので、全て終わってから記録することは難しいと思います。気になった点や保護者からの要望等は毎日整理してまとめておかないといけません。面談中はメモを取ることは控えた方がいいですが、例えばアレルギー等身体的なことに関する要望等は目の前で記録し、保護者に確認していただく方がいいと思います。また、それを担任だけの情報にするのではなく、必要に応じて他の教師への共通理解を図るように管理職や学年主任等の声掛けが必要です。

　A市のある中学校では毎年4月に傾聴スキルについて研修しています。傾聴スキルを学校全体の課題と捉え、研修を積むことで、教師のコミュニケーション力の向上を図ることができます。講師の先生からは「幼児児童生徒や保護者との対応時に、まず、傾聴の重要性が挙げられる。各個人にとって、話し方や聴き方において、自分ではあまり意識しない『くせ』があることに気付く必要がある。そして、子供や保護者との対応において、カウンセリングの受容・繰り返し・明確化・支持・質問の技法の習得が必要である」と指導を受けています。教師は生徒に注意することはあっても、なかなか自身の「くせ」に気付いたり、また、指摘されたりしてもそれを素直に直すことが苦手です。自身をスキャンし、メタ認知力を付けるためにも、ワークショップ形式で演習を取り入れた研修を校内で繰り返し実施することが必要です。

第5章　保護者への対応力を養う

(3)　授業参観でアピール

　家庭訪問と前後して実施されるのが第1回目の授業参観・学級懇談会です。

　学年会等で事前に作戦を練っておきます。まず教室環境の整備からです。教室環境のユニバーサルデザイン化の観点から、児童生徒の抱負等の掲示物、棚やロッカーの整理などの確認をしておきます。学習環境（教室）がきれいであることが当たり前という雰囲気をつくることを学校・学年で徹底していきます。若い教師はその日のことで頭がいっぱいになり、打ち合わせで決定した内容についても「ついうっかり」となりがちです。学年全体で各教室を点検するなどの対応が必要です。教室に花を置くといったちょっとした気配りが、教室の雰囲気を温かくします。

　次に授業内容です。よく先輩の教師が後輩に「いつもどおりでいいよ」という安易なアドバイスをすることがありますが、本当にそうでしょうか。まず、服装も含めて、適度の緊張感をもって臨むことが大事です。授業内容については、「ICT機器を活用する」「教材を工夫する」「保護者も参加できる」といった配慮が必要です。1時間のねらいを明確にするとともに指導案（簡易式）を検討することで、授業の質を高めます。担任の最初のアピールの場として参観日を活用するという気持ちが大事です。

(4)　懇談会での対応

　4月の学級懇談会で担任から「今年1年このクラスを担任することになりました○○です。よろしくお願いします」と、しっかりと前を向いて明るく元気な声で挨拶を受けたら、保護者は担任に対して好印象をもつでしょう。

　学級懇談会で話すべき内容については、事前に学年で確認しておきます。そうすることで若手教師の不安は軽減されるのです。

　学期末には個人懇談があります。懇談では最初に希望の時間を保護者

第2節　第一印象を大切にした家庭訪問・懇談の手法

に聞きますが、そのときの文書にもひと工夫します。「これはどの家庭でも考えてもらいたい」という項目を事前調査で入れておくのです（図4）。その内容を基に、懇談を始めます。そうすることで、学校全体が同じ歩調で取り組むことができます。さらに、全校生徒の貴重なデータとして集計することでスマホの所持率や家庭生活と学力のクロス集計ができるといったメリットがあります。そういったデータを全校で共有するとともに学校だよりや懇談会等でアピールすることで、自校の実態に基づいた家庭へのアプローチも可能になります。

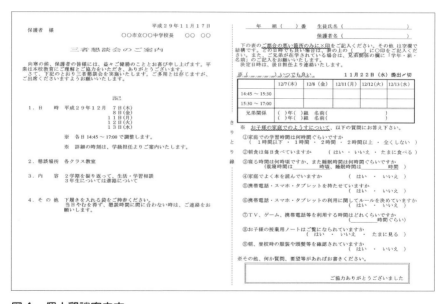

図4　個人懇談案内文

第3節 保護者の気持ちに寄り添った関わり方

1 保護者の養育態度を意識した対応

嶋﨑は「しつけ」と「いやし」は家庭の二大機能である「社会化機能」と「安定化機能」を優しく表現したものであるとし、この二つの機能により、保護者の養育態度を類型化しています（図5）[3]。保護者と関わる中で、

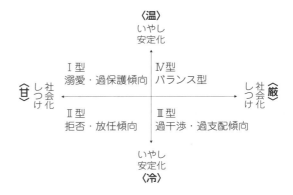

図5　親の養育態度の四つの型（嶋﨑）

この類型を基に、例えば「溺愛・過保護傾向（Ⅰ型）」の保護者に対しては、保護者の愛情を受けて子供の心が安定していることは認めつつも、「社会で生きていくのに必要なルールや困難に打ち勝つためのたくましさが身に付いていくよう保護者と学校が協力して取り組みましょう」と伝えるといったベテラン教師のもつ技を共有することで、若手教師の保護者対応力が育ちます。

自身の経験から、一番対応に苦慮したのは「過干渉・過支配傾向（Ⅲ型）」の保護者と対峙したケースです。子供の一挙手一投足に口を挟むため、子供は保護者に対して支配されている感覚をもち自尊感情をもつことができなくなっていきます。友達との対応が上手くできずトラブル

第3節　保護者の気持ちに寄り添った関わり方

になるケースが増えていくこともあります。

　一方、保護者の方は自分の教育方針には間違いがないと思っており、学校の指導方針等に対して気に入らないことがあると教師に対して批判が始まります。特に、けがやいじめ事案等において初期対応を誤ると苦情がエスカレートしていきます。若い教師では保護者の理屈に飲まれてしまい、適切な対応ができなくなっていきます。時には精神的に不安定になり、休職をせざるを得ない状況に追い込まれるケースも見受けられます。このような場合は管理職がリーダーシップを発揮し、学校とPTAや関係機関が連携し、適切な役割分担により乗り切るしかありません。

2　トラブルを未然に防ぐちょっとした心遣い

　学校で子供たちの問題行動があった際に保護者に来校をお願いすることがあります。保護者にとって学校の敷居は高く、まして、子供が学校に迷惑をかけたときにはなおさら萎縮して来校されます。そのときにいきなり、若い教師から「○○君が～をしてしまいました。本当に困ります」と切り出されれば、口では「申し訳ない」と言っても、我が子のことを非難されてつらい思いをされると思います。時にはそのことが、学校への不満や不信につながります。そんなときに、「お忙しい中、わざわざ来校いただき申し訳ありません」といった「クッション言葉」を使いこなすことでずいぶん印象が変わり、保護者のプレッシャーやショックを緩和するのです。私自身も保護者が子供のことで来校された際、まずはお茶を出して落ち着いた雰囲気をつくった後じっくりと話を聞き、「おつらい思いをさせてしまい申し訳ありませんした」と最初に謝罪の意を述べるようにしていました。また、何かあってから担任が電話するのではなく、日頃気になる子供については「○○さん、今日は～でとても頑張っていましたよ」といったプラス面の内容を保護者に伝えておく

117

ことで、何か起こったときの連絡がスムーズにできるようになります。

　一方、保護者や地域の方が学校の指導に対して意見を言いに来られた際には、感謝の意を伝える「貴重なご意見ありがとうございます」、共感の意を伝える「ご意見を真摯に受け止めていきます」と返していくことで印象が変わります。「たぶん〜だと思います」といった相手に不安感を与える言葉は避けたいものです。学年主任や生徒指導主事が的確な対応の範を示すことが若手教師の保護者対応力を高めることにつながります。

3　A市におけるミドルリーダー研修の実際

　A市立総合教育センターにおいてはミドルリーダー養成研修を実施しています。対象は30歳以上、教職経験5年以上の教師です。講義式の演習ではなく、「保護者からの苦情への対応」「地域との関係づくり」等実際に起こった事例や裁判での判例に基づくアクティブ・ラーニング型研修を年間7回〜8回実施しています。基本的に同じメンバーで3年間研修を行い、コミュニケーションスキル、コーチングスキルを身に付けていきます。「MBTI」「エゴグラム」といった性格検査を活用し、事後のグループワークを通して、自分と他者のものの見方や考え方には大きな差異があることを理解することで、学校現場での保護者や児童生徒等への対応力や「危機管理能力」「トラブル回避力」の向上等につなげていきます。また、毎回の研修終了後、1週間以内に同じグループの教師に課題に対する振り返りのレポートを提出し、受け取った側がそのレポートに関するアドバイス等を記入して本人に返すという往復書簡レポートを取り入れ、学びの定着と他者にアドバイスする力の育成を目指します。講師として「キャリア教育を含む教育心理学」を専門とする太成学院大学伊藤博教授を招聘し、大学院を意識した継続したリーダー養成の仕組みを構築しています。以下は地域からの苦情を受けたときの対

応という具体的なケースによる事例研修に参加後の参加者の意見です。

　今回取り上げた事例においても、早期発見、早期対応の重要性をあらためて感じました。信頼が失われてしまっては、それを取り戻すのに非常に時間がかかります。報告・連絡・相談の段階で対応が遅れないようにしなければいけないと思います。（小学校教師）

　「事例を読み込み、課題を発見し、対処法を考え、グループワークで内容を深め、振り返りを確実にする」という一連の研修を積むことで、理論と実践のバランスの取れたミドルリーダーが育ちます。彼らが「事前の子供への指示・注意義務」「注意の必要な児童生徒の掌握義務」「保護者への適切な連絡」等の重要性を若手教師に伝えることが危機管理につながるのです。

第4節 ❖ チームによる保護者対応と危機管理

1　先手必勝で学校情報を積極的に公表する

　マスコミでは学校に必要以上の要求をされる保護者の問題が大きく取り上げられ、あたかもそれが日常的であるように報道されることがあります。

　しかし、多くの保護者は学校を信頼し、「我が子のために」と学校に協力してくれています。学校において、「サービス」「顧客満足」という言葉が全てなじむわけではありません。しかし、「あの学校にぜひ、我が子を通わせて、子供の力を伸ばしたい」「うちの校区の中学校の教育

方針や内容はすばらしい」という印象をもっていただくためには、先手を打つ意味で学校においても積極的な情報発信が必要です。A市のH中学校では、これ一冊で学校のルールや評価の仕方などがわかる学校ナビゲーションや授業シラバスを作成し、説明会等で活用しています。また、学校だより・学年だより等のきめ細やかな配信、市で一括契約したメール配信システムを活用し、「旅行先からの情報配信」「行事やテスト1週間前の情報提供」等をきめ細かに行っています。また、学校だよりには保護者が意見を寄せる欄を入れておき、意見は職員に周知しています。一方、校内見守り活動・大清掃でのお手伝い・ボランティア活動等に参加した保護者等に、シールを配布し、それを台紙に貼り、4枚以上たまった保護者には、体育大会や合唱コンクールの映像の入ったDVDを配布しています（図6）。このように、保護者や地域の方が学校に足を運びやすい仕組みを構築し、学校の情報を積極的にアピールするという手法で、「学校の文化」が地域や保護者に認知されるようになると学校への苦情は激減しました。

図6　シール台紙

2　チームによる保護者対応の必要性

今津は「日本では教師は授業だけでなく、しつけから進学・就職の指導までを含む生徒指導や部活指導、家庭訪問など、その役割は多岐にわたる。一方英米では教師の専門的役割は授業中心に限定的に捉えられ、他の役割については別の役割（スクールソーシャルワーカーなど）や学校ボランティアに委ねられる」[4]と述べています。しかし、家庭の在り方が多様化する中、日本の学校も、様々な立場の学校関係者がチームと

して保護者対応に当たることで問題の解決を図る必要性が出てきました。以前に、「部活動の練習試合で子供が自転車に乗っていったが、帰りに雨に遭い、ずぶ濡れになって帰ってきた」というご指摘をいただいたことがあります。早速顧問に確認すると、他市の高台にある学校に1時間をかけて自転車で行っていました。ただ、自校の部活動のきまりには自転車が可能な範囲についての事項がありませんでした。安全確保のため部活動担当者、主任会議等で協議を重ね、自転車で活動できる範囲の学校を距離で決定し、他は公共の交通機関で行うことを全員で共通理解しました。苦情については必要に応じてチームで検討し、本当の問題点に気付くことが大事です。クレームは改善のためのヒントになり得るのです。

3 対人援助専門職との連携

　近年子供たちの生活の基盤である家庭において課題は山積しています。母子・父子世帯が増加し、児童虐待対応件数が急激に増加するなど、学校と福祉部局との連携が日常的に必要となっています。このような実態を踏まえ、スクールソーシャルワーカー（以下、「SSW」）、スクールカウンセラー（以下、「SC」）等の対人援助専門職の学校配置が進みつつあります。貧困や虐待等の家庭の問題について、学校は避けては通れませんが、「家庭との関係を壊したくない」という理由で外部機関との連携を拒む学校があることも事実です。教頭、養護教諭、生徒指導主事等学校におけるキーパーソンになる教師と専門職員がつながり、的確な対応を行うことが必要です。

　中学校の事例ですが、学校徴収金の未納のため若い担任が就学援助の申請を勧めても応じなかった家庭を、学年主任とSSWが一緒に訪問し、保護者から話を丁寧に聞き取りました。すると、父親が会社勤めを辞めて自営業を始めましたが、経営のノウハウが全く分からず、家計が急変

するとともに確定申告等をしていないといった実態が明らかになりました。そのため、就学援助の申請がしたくてもできなかったのです。SSWが市の福祉部局である「くらし・相談サポートセンター（自立相談課）」につなぎ、「どうやって家計を立て直すか」といったアドバイスと母親の就労支援を行い、母親の介護職への就労が実現しました。

　一方、虐待については近年、ネグレクト的な対応を受けた子供に学校において衝動的・反抗的な行動がみられ、表現能力・自尊心等が欠如する「愛着障害」を疑われるケースが増加しています。虐待の場合、学校には通告義務がありますが、なかなか踏み切れないのも事実です。管理職が日頃からSSWとの関係づくりを意識し、校内会議に同席するなど学校組織の一員としての位置付けを設定することでSSWの活動が円滑に進みます。

　一方、SCは不登校や発達の問題等に関して、心の問題の専門家として、保護者や子供、時には教師のカウンセリングを担っています。いじめ等の重大事案において、「対策会議に入ってアドバイスを行う」「保護者説明会で話をする」「ストレスチェックを実施する」「被害者のカウンセリング」といった対応により子供や保護者の心の安定を図るためには不可欠な存在になってきています。また、リストカット等の自傷行為をしてしまう子供の事例が多く報告されるようになっており、教師ではない外部の第三者的な相談機関としてニーズが増えています。こうした事例を担任が抱え込んでしまうのではなく、生徒指導主事や養護教諭等、SCとのパイプ役となる教師が日常的にコミュニケーションを取り、体制を構築しておくことで緊急時のスムーズな連携が可能になります。

第5節 コミュニティ・スクールを活かした地域との関係づくり

　コミュニティ・スクールとは、学校運営協議会を設置し学校と保護者や地域住民が共に知恵を出し合い、一緒に協働しながら子供たちの豊かな成長を支え「地域と共にある学校づくり」を進める仕組みのことです。第3期教育振興基本計画（文部科学省 2018〜2022年）においてもコミュニティ・スクールの導入を推進する方向性が示されています。

　A市においては、全小中学校において、地域学校協働本部による土曜学習が行われてきました。さらに、平成27（2015）年度からはコミュニティ・スクールの導入を推進し、令和元（2019）年度には、全小中学校がコミュニティ・スクールとなりました。

　例えばS中学校では、生徒と教師が高齢化の進む地域の祭り等での櫓の組立やテント設営等の仕事を担い、学校や家庭では学べない日本の伝統文化を地域のお年寄りから教えていただく双方向の関係ができました。彼らの活躍を目の当たりにした校区内の小学校の保護者や地域の方の中学校への評価が大きく変わりました。その関係をシステムとして構築するために、平成29（2017）年度にコミュニティ・スクールの指定を受けました。学校運営協議会委員14名（保護者・地域住民・地域学校協働本部リーダー・大学教授等）が、学校の一員として、学校リーダーとの協働と熟議により学校改善のためのアイデアを出し合うなど学校支援に努めていま

合同研修会の様子

123

第5章　保護者への対応力を養う

す。また、毎年９月に教師と学校運営協議会委員の合同研修会を実施しています。平成29（2017）年度は「コミュニティ・スクールの意識と協働のあり方～傾聴スキルを身に付けよう」、平成30（2018）年度は「義務教育の役割とは何か、生徒と向き合い、学習意欲を高めるにはどうしたらよいか」をテーマに一緒に学ぶことで、保護者・地域の方と教師の一体感が生まれました。また、学校教育目標等の学校の方針策定に、学校運営協議会委員が関わることで、参加型から参画型の連携への移行が円滑に進みました。こういった協働実践の積み重ねを通して、若手教師も「保護者や地域の方は自分たちの応援団である」という認識をもつようになります。何かあったときに初めて出会うのはなく、日常的な関係づくりが最大の危機管理となるのです。

［引用文献］
１）　今津孝次郎『教師が育つ条件』岩波新書、2012年、pp.67-68
２）　今津孝次郎、前掲書１）、2012年、p.15
３）　嶋﨑政男『"困った親"への対応　こんなどき、どうする？』ほんの森出版、2005年、pp.11-12
４）　今津孝次郎、前掲書１）、pp.51-52

［参考文献］
・石井英真監修、太田洋子・山下貴志編著『中学校「荒れ」克服10の戦略―本丸は授業改善にあった！』学事出版、2015年
・伊藤博他『独立行政法人教員研修センター委嘱事業　教員研修モデルカリキュラム開発プログラム成果報告書「ミドルリーダー養成研修」プログラム―アクティブ・ラーニングを中心として―』大手前大学・伊丹市教育委員会、2016年
・竹内一郎『やっぱり見た目が９割』新潮新書、2013年
・マジョリー・Ｆ・ヴァーガス『非言語（ノンバーバル）コミュニケーション』新潮選書、1987年

第6章
若手を育てる校内体制

田村知子
大阪教育大学連合教職大学院教授

第6章　若手を育てる校内体制

　若手教師は単に教育・研修・評価の客体なのではなく、彼ら自身が発達・力量形成の主体者です（山崎　2012：p.49）。また、学校は、若手教師が育つ過程に関わることにより、中堅もベテランも、そして管理職も学び合い育ち合う共同体として機能することが求められます。

第1節 ♠ 若手を育てる学校システムの構築

　学校での人材育成方法については、直接的指導と間接的指導とに分類することができます。直接的指導は、コーチング、随時指導、支援的援助といった個別指導方式と、校内研修や授業研究などの集団指導方式に分けられます。間接的指導とは、日常のマネジメントに育成を組み込むことで、例えば職場風土の活性化や職務の割り当て、目標設定と勤務状況の評価などが含まれます（浅野　2009：p.21）。

　若手教師は「授業で困ったことがあるとき」「生活指導上困ったことがあるとき」「父母との関係で困ったことがあるとき」など、学年主任や学年教師に相談する傾向があるという調査結果があります（小島・永井・天笠　1981）。学年教師団は若手教師にとって身近で重要な相談相手であるため、学年の教員配置は特に配慮する必要があるといえます。しかしながら、学校の小規模化や教員年齢層の偏りといった近年の傾向により、バランスのとれた学年団を構成するのは難しくなってきています。そこで、本節では直接的指導の一つとして、近年盛んに行われているメンタリングに焦点化して論じます。日常的なマネジメントにおける育成については節を改めて取り上げます。最後に、これらを踏まえた上で、2017/2018年改訂学習指導要領の理念実現のための鍵概念とされるカリキュラム・マネジメントに関わる力量形成について詳しく述べます。

1　メンタリング

　メンタリングとは、「より経験を積んだ中堅・熟練教師が、新たに教職についた初任教師や経験の浅い若手教師に対して、信頼関係を基盤としながら、教職に関わる専門的な技術・方法の習得や教育実践の質の向上といった『専門的な発達』と教師としてのアイデンティティの構築といった『パーソナルな発達』の両面を支援することを目的として構築される比較的長期間にわたる継続的な発達支援関係」のことです（島田2013a）。

　島田（2013b）は、メンタリング機能として、「専門性の発達を促す機能（コーチング、アセスメント）」「パーソナルな発達を促す機能（カウンセリング）」「関係性の構築を促す機能（ネットワーキング）」「自立を促す機能（ガイディング、ファシリテーティング）」の四つのカテゴリーに分類しました。

　メンタリングの効果については、新しい教授戦略・教科の知識、支援・共感・友情、考えの共有・問題解決、フィードバック・建設的批判、など多く指摘されています（渡辺・大久保 2006）。

　メンタリングの基本は1対1のメンター・メンティ関係、つまり個人指導方式ですが、学校内の教職員構成について年齢、専門性などの偏りがあるため、最適な組み合わせをつくることが困難な場合があります。また、1人のメンターが、1人のメンティに対して全面的に関わり責任を負うことについて精神的な負担が過大になることが考えられます。そこで、学校全体で若手教師の支援・育成を行うことの重要性が指摘されるとともに、グループ・メンタリングやチーム・メンタリング、メンタリング・コミュニティを構成することなどが提唱されています（横浜市教育委員会 2011、島田 2012、伊藤・石川 2015）。

　グループ・メンタリングは、1人のメンターが複数のメンティに対し

第6章　若手を育てる校内体制

てメンタリングを行うもので、ここでは、メンティ同士の関係性を構築することにねらいがあります。メンティ間の横の関係性、つまりピア・ネットワーキングが構築されると、メンティ同士が互いの経験や失敗談などを共有することにより共感や安心感といった恩恵を得ることができ、また、その後の教師人生において基盤となるコミュニティが形成される可能性があるとされています（島田　2012：p.16）。

　メンターチームあるいはメンタリング・コミュニティは、複数のメンターと複数のメンティによって構成されます。この仕組みの利点は、メンターの負担軽減、年齢や専門性、価値観等のマッチングの多様性の創出、コミュニケーション力の向上、メンティ同士の共感的な関係性の構築などが指摘されています（伊藤・石川　2015）。

　メンタリングにおいては、若手だけでなく、中堅・熟練教師のメンター教師も学び育つ互恵的な関係が生まれることが指摘されています。若手からの問いは、中堅やベテランにとっては、これまでの自己の実践を振り返り、教育に対する理念や哲学を再構成する機会になる、メンティと関わる過程で自身が初任者として情熱を注いでいた頃を想起して教職への意欲や熱意を再燃させる、といった効果です（伊藤・石川　2015、島田　2012）。また、メンタリングをチームで行う際は、中堅教師は若手教師の相談に乗り助言したり、メンターチームを運営したりすることにより、ミドル・リーダーとしてのキャリア開発を行うことにもなるというのです（伊藤・石川　2015）。

　メンターチームにおいてメンタリングを効果的に実施するためには、先輩教師が一方的に経験談を押し付けるような型にはまった指導は避けるべきだとされています（岩川　1993）。そして、①自律的に行うこと、②メンティ自身が話せること、③先輩教師の経験談が共有できること、④自律的に行う中での経験10年以上の先輩教師の参加があること、が初任教師の問題解決に寄与することが明らかにされています（脇本他2013）。

2　メンタリングにおける管理職の役割

　市を挙げてメンターチームに取り組む横浜市では、多くの成果とともに、支援関係の構築、メンティの主体性、時間確保、研修内容の充実、ミドルリーダーの育成などに課題が生じるケースがあることも指摘されています。そして、課題解決のキーマンは管理職に他ならないと考えられています（松原・柳澤 2017）。

　管理職のメンターチームへの関与のパターンについて横浜市での調査の結果、時間面の支援や職員会議でのメンターチームの周知といった「間接的支援」、メンターチームのリーダーの選定に関与しリーダーと運営について話し合う「リーダーの選定と支援」、管理職がメンターチームに参加したり経験談を話したりする「直接的支援」がみられました。いずれの支援形態も、「メンティの成長」「関係性の構築」「メンターの成長」という成果と相関があり、中でも「間接的支援」は比較的高い相関があるとされています（町支他 2017）。まずは、管理職がメンターチームに関心を寄せる、その存在を校内に周知する、他の教師も巻き込むよう支援する、活動を年間計画に位置付ける、など、メンターとチームに対する全校的な支援体制を構築することが必要でしょう。中でも、メンターへの支援は見落とされがちですので、メンターたちによって構成されるコミュニティや学び合いの場をつくる配慮は重要です。

第2節 ❖ 小規模校の若手育成

　学校に十分な教員数が在籍している場合は、同一教科での教科部会が若手育成のための組織として機能しますが、現在、人口減少に伴い、小

規模な学校も多くあります。例えば石川の調査によれば、岐阜県の小規模校の1校当たりの平均教科担任数は、常勤講師を合わせても、0.25人（家庭科）～2.18人（数学）であり、音楽科・美術科・技術科・家庭科は免許保持者が1人もいない学校が多くあります。また、3年目までの若手教師の41％が免許外の教科を担当している現実もあり、彼らは免許外の教科の授業に不安や困難、負担を抱えています。専門の教科についても、勤務校内に同じ教科の同僚・先輩教師が不在、あるいは1人しかいない状況が多くみられます。そのような状況において、若手教師たちは、困ったことが起こった場合は、「ひとりでネットとか本を調べる」「近隣や大学同期や前任校の同教科専門の先輩や友人、大学教育実習当時の指導教員等に尋ねる」「校内の管理職や他教科の同僚に尋ねる」「管理職を介して近隣校の教師に授業を見てもらう」「他校の教科研究会に出席する」といった方策で課題を解決しています（石川 2017）。これらから、大きくは二つの方策が見えてきます。

　一つは、若手教師が学校外のネットワークをもち、それを活用できるように支援することです。各学校が、公開授業研究会の年間計画を年度当初に確定し、近隣校同士が情報交換を早期にすることにより、相互に研究会に参加しやすいよう条件を整えるような、地域ぐるみの取組をすることが考えられます。そのための前提として校長会での合意形成や、教務主任会等の実務的な動きが必要でしょう。市町村の教育委員会が音頭を取ることも考えられます。各学校においては、教職員に積極的に他校の研究会の情報を伝えること、参加を積極的に奨励すること、自習をさせなくてよいように代替授業をするとか、時間割の工夫で当日は早く放課できるようにする、などの条件整備が求められます。

　もう一つは、学校内で教科を越えて学べる環境を構築することです。伊藤（2016）は、小規模中学校において、複数教科混成のメンタリング・コミュニティの構築と運用についての実践的な研究を行いました。それは、9名の教職員を、それぞれの興味・関心によって「単元構成コミュ

ニティ」「学び合いコミュニティ」に編制したものですが、そこで得られた知見として、複数教科混成のコミュニティによる授業の考察のための三つの観点が参考になりますので、次に示します。

① 当該教科の本質につながる専門的な見地から論じる「その教科ならでは」という観点

② 自分の専門教科に引き寄せたり当てはめたりして論じる「自分の教科だったら」という観点

③ 各教科を貫いて育む資質・能力を踏まえて論じる「どの教科にも通ずる」という観点

研究授業が自分の教科や学年と異なる場合に教師は消極的になりがち（姫野 2011）ですが、上記の三つの観点をもって他教科の授業を観察・議論することにより、例えばメンティの若手教師であっても、自分の教科に引きつけて（観点②）他教科の先輩教師に参考になる意見を提案することが可能となります。また、各教科を貫いて育む資質・能力を踏まえて論じる観点③は2017/2018年改訂学習指導要領で求められる視点でもあります。伊藤（2016）の提案は、小規模校に限らず、教科横断的に授業改善を図るカリキュラム・マネジメントにおいて示唆に富んだものといえるでしょう。

第3節 ◈ 若手を生かし学校力を高めるリーダーの役割

1 仕事を通した若手育成

本節では、マネジメントに組み込まれた若手育成について論じます。仕事が教師を育てる、という面があります。浅野（2009）は、その

第6章　若手を育てる校内体制

ためには、「本人にとってやや難しいレベル」であること、「責任者として、任されること」「苦労した末に、何とかうまくできた達成感」の三つがそろう必要があると指摘しています。安藤（2009：p.174）は、これらに加え「教員として意味のある仕事」「自ら求めた仕事」であるように管理職が配慮する必要性を指摘しています。

　また、棚野（2009）は、学校の組織特性に着目しました。教職員が学年団や部会、委員会といった複数の分掌に所属し、異なる分掌間においてはリーダーとフォロワーが逆転するなど、リーダーとフォロワーの関係が曖昧なマトリックス組織だからこそ、経験年数に応じた先輩－後輩関係を意識し、先輩教師が後輩教師の育成を職務の一環と強く意識するよう環境整備の必要性があること、人材育成の観点から校務分掌を考える必要があることを指摘しました。

2　リーダー経験による若手育成

　昔から「立場が人を育てる」と言われるように、若手教師にリーダー経験を積ませることによる育成が考えられます。横浜市の6年経験者にリーダー経験を調査した町支（2015：pp.115-127）は有効回答者の81.1％が何らかのリーダー経験を有しており、その内容としては、教科・研究関係が群を抜いて多く（46.4％）、次いで安全・防災関連、特別活動関連、学年関連、特別支援関連が比較的多く経験されていることを明らかにしました。また、これらを経験した者たちへの満足度を尋ね、多くの者が「よかった」と捉え、満足度が負担感を上回る傾向にあることも明らかにしました。さらには、リーダー経験が、将来的なキャリア像を考える契機になることも明らかにされました。

　すなわち、リーダーの立場を含め、本人にとってやや難しいがやりがいのある仕事を任せ、達成できるようサポートすることが、管理職の役割と言えるでしょう。例えば、西留安雄元校長は若手育成の方法とし

132

て、「一役一人制」の校務分掌システムを学校に導入しました。管理職や主幹教諭の指導を受けながら、担当者1人で運動会のような大きな行事の企画・運営を担うこともありました。教職3年目で研究主任を担った教師もいました。その陰では、若手グループと管理職・主幹教諭等による毎週の研修や、ベテラン教師が若手を育成するための研修資料作成のための研修会など、教師間の学びの場が多く設けられていました（西留 2012）。

3　若手を育てる組織体制

　以前より、初任者にとって初めての勤務校が及ぼす影響の大きさが指摘されてきました（天笠 1980他）。菊地他（1993）によると、初任者による、初任者研修の有用性の評価に対しては、「和」を特徴とする教師文化、同僚教師とのインフォーマルな交流や教え合う組織風土などが重要です。初任者に限った研究ではありませんが、小野は、「教師相互のコミュニケーション、協働、相互学習の風土」は授業実践の共有を促し、間接的に教師の授業実践力量に効果をもつことを実証的に明らかにしました（小野 1994）。浅野（2009）は、学校に、真面目な雑談（ワイガヤ）が行われる雰囲気であることや、学校のビジョンが明確であることが必要だと述べています。

　一方、菊地他（1993）は初任者自身の教科指導の力量評価に対しては、組織風土の影響は部分的だとしています。また、石上（2012）は、授業力量形成に及ぼす校内授業活性化要因について、若手、中堅、ベテランにより異なる傾向にあり、中堅やベテランが同僚性や目標設定に影響される傾向にあるのに対し、若手教師は研究方法（視点を明確にしての同僚との議論、単元構想の事前検討、成果や課題に関する情報の共有、研究を深めるための授業記録やビデオ等の活用など）を高く評価したものほど校内授業研究を通じて授業力量形成が図られていることを強く認

第6章　若手を育てる校内体制

識することを明らかにしました。

　これらを総合すると、明確な目標・ビジョンを共有し、ポジティブな意味での同僚性が高い組織風土を形成した上で、若手教師に対しては、明確で具体的な校内授業研究を提供することが効果的と言えます。

第4節 ❖ カリキュラム・マネジメントの観点からみた若手育成

1　カリキュラム・マネジメントの力量

　「カリキュラム・マネジメント」は2017/2018年改訂学習指導要領の理念を実現する鍵概念として、初めて学習指導要領に定義や必要性が明記され、注目されています。

　カリキュラム・マネジメントの力量とはどのようなものでしょうか。それは、個人レベルのカリキュラム・マネジメントの力量と、組織レベルのカリキュラム・マネジメントを行う力量とに区別できます。個人レベルの力量は全ての教師に必要とされます。本稿では、若手教師にも必要な個人レベルの力量を明らかにします。ただし、若手教師が育っていくためには、組織的なカリキュラム・マネジメント力が求められます。

　カリキュラム・マネジメントは教育活動そのもののマネジメントであるため、授業力向上に直結します。その授業力は、大きくは、①教科の指導力と、②教科横断的なカリキュラムデザインと実施の力量に分けて考えることができます。

　まず、教科の指導力です。カリキュラム・マネジメントの観点から教科指導力を考える場合、板書や机間指導といった一単位時間の指導技術に留まらず、少なくとも単元単位で授業をデザインする力量が注目され

ます。転移する理解までを実現する「深い学び」は、一単位時間だけでは実現されるのは困難です。当該単元全体で最終的に求められる永続的理解は何かを明確にし、児童生徒の言葉や姿で描く必要があります。そして、児童生徒がその理解に至るための「本質的な問い」や「単元を貫く課題」を設定することも求められます（西岡 2016、石井 2015、ウィギンズ＆マクタイ（西岡訳）2012）。そのためには、教科固有の「見方・考え方」、単元を貫いて重要な原理や一般法則は何か、などを常に意識しながら教材研究に向かう必要があります。このような研鑽は、教科指導の専門家としての教師の生涯続く学びであるといえます。若手教師が、教科について深く考える機会を得るためには、学校の教科会がそのような方向で機能していることが望まれます。しかし、学校の小規模化が進み、教科会が成立しない中学校も増加しています。学校外の研究組織、自主的サークルなどに若手教師の興味・関心が向き、足を踏み入れることができるよう、情報提供や後押しをしたいものです。

　次に、教科等横断的なカリキュラムのデザイン・実施の力量形成について、です。これは何よりも、ほとんど全ての教師が関与する総合的な学習の時間のカリキュラムづくりの実践によって育てられる力量です。そのための条件を以下に挙げます。

① 　学校として、総合的な学習の時間について特色ある学校づくりの戦略の中核として重視し、本来の趣旨に沿った総合的な学習の時間を推進すること。

② 　少なくとも学年団が協働して、教科横断的な実践チームとして総合的な学習の時間の開発と実践に携わる体制と雰囲気があること。

③ 　先輩教師が若手教師をフィールドワークに共に出かけ地域の人・もの・ことへの興味・関心と知見、ネットワークづくりを促すこと。

④ 　児童生徒の様子を見取るすべ（評価方法）を共有すること。

　つまり、学年団（小規模の学校の場合は、学校全体）に創造的で協働的な雰囲気があり、先輩教師たちが教師の専門性の中核としてのカリ

キュラム開発を楽しむ構えがあることが理想的です。

　とはいえ、総合的な学習の時間の実践には学校ごとに大きな差があります。逆転発想で、学校の総合的な学習の時間を活性化させるために、若手教師に自由な発想でアイデアを出してもらうことも時には有効でしょう。新しい発想が必要な研究組織に若手教師を積極的に組み込む学校はよく見られます。また、若手教師は総合的な学習の時間を児童生徒として経験していますので（その経験はまちまちであることには留意する必要がありますが）、新しい風を吹き込んでくれることも期待されます。

2　カリキュラム・マネジメントの力量形成の時期と機会

　やや古いデータではありますが、筆者は平成19（2007）年にある政令指定都市（F市）の小中学校教務主任を対象に、カリキュラム・マネジメントの力量形成の時期と機会を尋ねる調査を実施しました（有効回答数147、田村　2008）。尋ねた力量は、「教育目標の共有化」「カリキュラム（教育課程）の評価→改善→編成」「授業づくりの推進（教職員による授業研究や、単元や教材の開発の支援・促進）」「時数管理」「授業づくりのための条件整備活動（情報や資料の収集、人材や教材の発掘）」「職務環境整備（施設設備などの環境整備、時間確保、校務分掌の整備など）」「協働文化醸成（教員組織の雰囲気、教育の方向性、人間関係、校風などをポジティブなものにする）」「外部（教育行政、保護者、地域）との関係」の八つです。

　その結果、カリキュラム・マネジメントの多くの力量は学年主任の時期以降、すなわち中堅・ミドルといわれる時期に形成される傾向にありました。比較的、若手（初任者、担任）の時期に形成される力量は、「授業づくりの推進（52.4％）」「授業づくりのための条件整備活動（38.3％）」

第4節　カリキュラム・マネジメントの観点からみた若手育成

でした。若手時代に「教育目標の共有化（10.2％）」「カリキュラムの評価→改善→編成（13.6％）」など学校全体のカリキュラムに関わる力量が形成されたという回答割合は低く、若手の時期はやはり、授業と授業経営に関わる力量形成が中心課題となります。

　若手の場合、自己の力量について、教育活動への情熱については自信があるものの、「教材を分析し、組み立てる力量」「授業全般を組み立て展開する力量」「教科書の中にある教材を様々な角度から取り上げ、関連する教材を提示して指導する力量」といった教授力量に関わる力量の不足を認識する傾向があり、「自分の研究・研修を進めていく力量」も低いという以前からある指摘（小島・永井・天笠　1981）とも整合します。

　そこで、まずは単位時間における指導技術や単元レベルでの授業づくりに若手指導の重点を置きつつ、次項で述べるように、カリキュラム・マネジメントの評価、改善、計画段階に、自然な形で若手を巻き込んでいくようにしたいところです。

　次に、力量形成機会について述べます。若手の時期に形成される傾向にある「授業づくりの推進」は、主に校内研修（51.0％）や自主的研修（個人：17.0％、研究会40.8％）、勤務校の仕事経験（24.5％）、教職員同士の交流（23.8％）により形成されていました。「授業づくりのための条件整備活動」は、勤務校の仕事経験（40.8％）、教職員同士の交流（34.7％）、校内研修（27.2％）が主な形成機会でした。管理職からの指導については、前者が4.8％、後者が14.3％でした。これらの力量形成には校内研修、教職員同士の交流、仕事経験が役立つことが分かります。

　これらを総合すると、やはり、組織的なカリキュラム・マネジメントの営みそのものに、いかに若手教師を巻き込み、当事者意識をもたせて、カリキュラム開発・実施・評価・改善のプロセスに関与する機会を意識的に設定できるか、ということが鍵となってくるでしょう。

137

第6章　若手を育てる校内体制

3　PDCAサイクル各段階のポイント

(1)　評価・改善段階

　「カリキュラム」の最も広義の定義は「子どもの学びの総体」（佐藤 1996）です。したがって、カリキュラムの概念は、子供の学びへの着目を促します。子供の学びを明らかにするためには評価が必要であるため、カリキュラム・マネジメントにおいては評価を重視します。また、どこの学校においても毎年ゼロからカリキュラムを計画するわけではなく既存のカリキュラムがあることから、カリキュラム・マネジメントにおいては、SPD、CAP-Dなど、まず現存のカリキュラムを評価し課題を明らかにすることから始めるという発想をします（中留 2001、田中 2009、田村 2016）。

　そこで、まず、評価・改善（C・A）段階について述べます。学期末の反省会や、学力調査の結果分析など、全員参加で具体的な子供の姿とその要因、有効だった学習内容・方法などを分析する機会をもつことです。この際、改善策を同時に考え次の計画に反映してしまえば、より効率的です。このような機会に若手教師も発言する機会を設け、参画を促すことが育成につながります。ただし、若手だけでは十分な分析ができない、アイデアは出るが現実味が薄いといった困難が生じる可能性がありますので、中堅やベテラン層が協働の中で力を発揮してもらえるような、グループ分けなどが必要です。

　「単元配列表」「カリキュラム・マップ」など、1学年（あるいは複数学年）の全ての教科・領域等を見通し見渡せる単元配列表を作成する学校が増えています。この表は「作成しておしまい」にしては意味がありません。表を囲んで、各単元で育成可能な資質・能力を明確化したり、体験学習に教科の学習事項を生かせるかを考えたり、教材を媒介として教科を越えた内容面のつながりを考えたりするなど、有効に活用するこ

第4節　カリキュラム・マネジメントの観点からみた若手育成

とが可能です。実践を振り返りながら、単元間のつながりを示す線を引いたり、改善案を書き込んだりするのはカリキュラム評価・改善活動です。先を見通すことが難しい若手教師であっても、振り返り活動においては、発言しやすくなります。

(2)　実施段階

　カリキュラム・マネジメントの実施（D）段階とは、単元実施・授業実施の段階です。ここでの若手育成の中心は、多くの学校で行われている授業研究が主要な機会です。授業研究の詳細については他章に譲りますが、カリキュラム・マネジメントの観点からポイントを三つ指摘しておきます。一つ目は、研究授業の検討対象を「本時」に限定するのではなく単元レベルでデザインを行うことです。二つ目は、学校として育成を目指す資質・能力と当該授業との間の関連に十分に焦点化することです。三つ目は、より長期的な、あるいは教科等横断的な視点から、研究授業をつくったり評価したりすることです。

(3)　計画段階

　経験の浅い若手教師にとっては、1年間を見通したり、上下の学年の学びと担当学年の学びとを系統的に組み立てたりしてカリキュラムを計画することは難しいかもしれません。(1)の評価・改善段階と結び付け、協働的に計画を立案する中で学んでもらう、ということを考えるとよいでしょう。

　若手教師のカリキュラム・マネジメントの力量を高める校内研修の事例を二つご紹介します。一つは、A中学校で実施したワールドカフェ方式のカリキュラム計画づくりです。当校は宿泊行事や職場体験などの体験学習を探究的かつ教科横断的な学習へと高めることを課題としていました。4月当初の研修で、総合的な学習の時間を探究的にするという趣旨及び学校教育目標と強く連関した総合的な学習の時間の目標を確認し

139

た上で、1学期の主な体験学習について、「めざす子どもの姿や力」と「活動のアイデアや具体」を考えました（図1）。まず、各学年の所属教師で考え、次に、別の学年の教師がそこに移動してきてアイデアを出すというフェーズを繰り返し、全教職員が全ての学年の学習計画に知恵を出しました。力量の高い教師の意見に触発され、若手教師も自分の担当教科の視点などから意見を出すことができていました。彼ら／彼女らは組織的な協働のありがたさを感じるとともに、初めて取り組む総合的な学習の時間にも見通しをもって臨むことができていました。

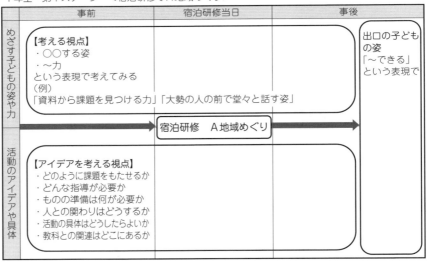

図1　総合的な学習の時間の計画づくりワークシート（A中学校）

二つ目は、B小学校のワークショップ型校内研修による年間計画づくりです。学年ごとのグループになり、学習活動だけが並べられた年間計画を模造紙の中央に貼り、そこに次の四つのテーマから4色の付箋を貼っていきました。「その単元でつけたい力（実態や目標を意識）」「教科等との関連（内容と能力の関連を意識）」「校内体制・環境の整備（人

第4節　カリキュラム・マネジメントの観点からみた若手育成

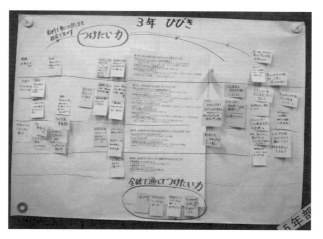

資料1　四つのテーマから考える年間計画

的面と物的面を意識)」「家庭や地域、行政等との関係（双方の価値を意識)」。実はこの四つのテーマは、カリキュラムマネジメント・モデル（田村 2011他）が示す、カリキュラム・マネジメントの要素から成り立っています。モデルを知らなくても、四つの付箋に導かれて、学校全体を視野に入れた俯瞰的な視点からカリキュラム・マネジメントの必要な要素を考える機会となりました。（資料1）

4　日常の組織的カリキュラム・マネジメントに組み込んだ若手育成

　カリキュラム・マネジメントは学校の教育目標の実現を目的とした組織的な営みですから、若手教師も、目標を意識した教育活動を展開することが基本です。もちろん、人育てはものづくりとは異なりますから、目標にとらわれすぎずゴールフリーの評価（根津 2006）の考え方も大切です。

　学校には様々な目標があります。それらは「学校教育目標→学年教育

141

目標（学年経営案）→学級目標（学級経営案）」というラインと「学習指導要領→教科書（指導書）→授業」の２本のラインに整理され、これらが確固としつつ関係し調和が取れており、カリキュラムに浸透していることが重要とされています（天笠 2013：p.58）。では、若手教師が作成する学級経営案においては、学校教育目標が十分に参酌され、その下位目標として学級経営目標を作成しているでしょうか。学校のカリキュラム編成方針を受けた学級経営案になっているでしょうか。若手教師による、組織的なカリキュラム・マネジメント行動の第一歩は、学級経営案に現れるといっても過言ではありません。そこで、若手教師の学級経営案については、学校の組織的なカリキュラム・マネジメントとの整合性について、管理職は指導していきたいものです。

　例えば、高知県の大谷俊彦校長は、学級経営案の様式に次のような工夫をしています。まず、「学校教育目標」「育てたい資質・能力」「スローガン」「行動目標」など「学校の大黒柱」が記載されています。さらに「学級目標」「学級の実態」「学級経営方針」を記載する際、上述の「学校の大黒柱」と関連する部分には下線を施すことになっています。それだけでなく、確実にマネジメントサイクルを回せるように、「到達目標」「具体的な取り組み」を記入する欄、及び学期ごとに「総括（到達目標に対する取り組みの不十分な点と要因）」「改善点（次学期に向けて）」を記入する欄があります。このように、学級経営案を、学級経営の不断の見直しができるツール「学級のカリキュラム・マネジメント表」として活用しています（大谷 2019：pp.132-133）。これも日常的な仕事に組み込んだ若手教師の育成ということができます。

　「カリキュラム・マネジメントを確立しなければならない」と大上段にその理念から説いていくよりは、このような日常的な仕事（＝カリキュラム・マネジメント実践）を学校全体につくりだし、その中に若手教師を参画させていくことです、ことさら「カリキュラム・マネジメント」の理念をもちださなくても、目標を意識したり、他教科等との関連を意

第4節　カリキュラム・マネジメントの観点からみた若手育成

識して授業をつくったり、先輩教師たちと共に地域教材を発掘したりすることがカリキュラム・マネジメントの力量形成に役立つでしょう。そのような積み重ねの上で、機会を見て、「あなたは、こういう側面でカリキュラム・マネジメントができていますよ」と評価することで意識化すればよいでしょう。

［参考文献］

・山崎準二「教師教育改革の現状と展望―『教師のライフコース研究』が提起する＜７つの罪源＞と＜オルタナティブな道＞」『教育学研究』79⑵、2012年、pp.40-51
・浅野良一「学校における人材育成の主な手法」浅野良一編『学校におけるOJTの効果的な進め方』教育開発研究所、2009年、pp.19-23
・小島弘道、永井聖二、天笠茂「若い教師の研修需要に関する実証的研究―25歳以下教師群の意識調査の分析をとおして―」『筑波大学教育学系論集』5、1981年、pp.71-110
・島田希「初任教師へのメンタリングにおいて複数のメンターが果たす機能と役割意識」『日本教育工学会論文集』37、2013年a、pp.145-148
・島田希「若手教師の成長を促すメンタリング機能の類型化」『高知大学教育実践研究』7、2013年b、pp.43-50
・渡辺かよ子、大久保義男「教員の初任者研修とメンタリングに関する比較考察：世界と日本の比較の視点から」『教職課程研究』⑵、2006年、pp. 4-13
・横浜市教育委員会『「教師力」向上の鍵―「メンターチーム」が教師を育てる、学校を変える！』時事通信社、2011年
・島田希「ミドル・リーダーのためのメンタリング・ハンドブック―若手教師支援の充実を目指して―」公益財団法人パナソニック教育財団『平成23年度先導的実践研究助成報告書』2012年
・伊藤政之・石川英志「学校の小規模化状況における若手教員の授業力形成―メンタリングに基づく校内研究の基本構想―」岐阜大学教育学部『教師教育研究』11、2015年、pp.73-88
・岩川直樹「教職におけるメンタリング」稲垣忠彦・久冨善之編『日本の教師文化』東京大学出版会、1993年
・脇本健弘、町支大祐、讃井康智、中原淳「若手教師を対象とした組織的なメンタリングの効果的手法に関する実証的研究―小学校教師に着目して」『青山インフォ

メーション・サイエンス』41⑴、2013年、pp.4-13
- 松原雅俊、柳澤尚利「横浜市立学校の校内人材育成の改善に向けて：メンターチームの成果と課題の分析を通して」横浜国立大学大学院教育学研究科『教育デザイン研究』⑻、2017年、pp.3- 9
- 町支大祐、木村充、脇本健弘、中尾教子、平野智紀、野中陽一、大内美智子「メンターチームに対する管理職の関与に関する研究」『日本教育工学会研究報告集』17⑵、2017年、pp.185-189
- 石川英志「小規模校の授業研究・若手育成の課題と展望」『日本教育方法学会第53回大会発表資料』2017年
- 伊藤政之「学校の小規模化状況における若手教員の授業力形成に資する中学校校内研究の開発実践」岐阜大学教育学部『教師教育研究』2、2016年、pp.103-113
- 姫野完治「校内授業研究及び事後検討会に対する現職教師の意識」『日本教育工学会論文誌』35（Suppl.）、2011年、pp.17-20
- 浅野良一「学校における人材育成のあり方」浅野良一編著（前掲書）、pp.15-18
- 安藤克彦「初任教員へのOJT」浅野良一編著（前掲書）、pp.174-175
- 棚野勝文「学校の組織特性とOJTの工夫」浅野良一編著（前掲書）、pp.52-55
- 町支大祐「若手教師としてリーダーを勤めること―リーダー経験」中原淳監修・脇本健弘・町支大祐著『教師の学びを科学する―データから見える若手の育成と熟達のモデル』北大路書房、2015年、pp.115-127
- 西留安雄『どの学校にもできる！学力向上の処方箋―学校リニューアルのマネジメント』ぎょうせい、2012年
- 天笠茂「新任教師と学年教師集団」『日本教育経営学会紀要』第22号、1980年、pp.14-27
- 菊地栄治、八尾坂修、坂本孝徳、河合久「初任者の力量形成と勤務校の組織風土―『教科指導』研修を中心に―」『日本教育経営学会紀要』第35号、1993年、pp.56-68
- 小野由美子「職場としての学校：職場としての学校組織特性が教師の教育活動に及ぼす影響」『日本教育経営学会紀要』第36号、1994年、pp.44-57
- 石上靖芳「小学校における校内授業研究が教師の力量形成に及ぼす影響―活性化要因の構造的分析と指標の抽出―」『学校教育研究』27（0）、2012年、pp.38-51
- 西岡加名恵「教科のカリキュラムづくり」田村知子他編著『カリキュラムマネジメント・ハンドブック』ぎょうせい、2016年、pp.96-109

第4節　カリキュラム・マネジメントの観点からみた若手育成

・石井英真『今求められる学力と学びとは―コンピテンシー・ベースのカリキュラムの光と影』日本標準、2015年
・G. ウィギンズ＆J. マクタイ、西岡加名恵訳『理解をもたらすカリキュラム設計』日本標準、2012年
・田村知子、平成18-19年度科学研究費補助金若手研究（スタートアップ）報告書『カリキュラムマネジメントにおけるカリキュラム・リーダーの力量および価値観の考察』2008年
・佐藤学『カリキュラムの批評』世織書房、1996年
・中留武昭『総合的な学習の時間－カリキュラムマネジメントの創造』日本教育綜合研究所、2001年
・田中統治「カリキュラム評価の必要性と意義」田中統治・根津朋実『カリキュラム評価入門』勁草書房、2009年、pp.1-27
・田村知子「マネジメントサイクルによるスパイラルアップ」田村知子他編著（前掲書）、pp.68-76
・田村知子『実践・カリキュラムマネジメント』ぎょうせい、2011年
・根津朋実『カリキュラム評価の方法―ゴール・フリー評価論の応用』多賀出版、2006年
・天笠茂『カリキュラムを基盤とする学校経営』ぎょうせい、2013年
・大谷俊彦『「学校経営マンダラート」で創る新しいカリキュラム・マネジメント』ぎょうせい、2019年

第7章
事例　若手育成のシステムと実践

第7章　事例：若手育成のシステムと実践

総説 **若手育成システムの構築に向けた視点**

◆ 滋賀大学教職大学院教授　大野裕己

1 「若手教師の育成」の戦略的推進

　本章では、これからの学校現場における若手育成戦略の具体について、事例を基に検討を深めていきます。

　近年の学校現場では、①経験年数の少ない教師の割合が拡大する一方、中堅教師が薄い年齢構成の不均衡化が進行している、②教師の資質能力面では、「学びの専門家」としての学習指導の設計・評価やカリキュラム・マネジメント等の幅広い実践的指導力が要請されている、といった課題状況があります。そのような課題状況・環境条件のもとでは、個々の教師が幅広い資質能力を俯瞰的に捉えつつ、それを自律的／積極的な学び合いを通じて形成できるようにする、という視野での「若手教師の育成」の戦略的推進が、スクールリーダーに求められることが分かります。

　現在の教育委員会や学校での若手育成システムの戦略的推進のポイントは、大きく「教員育成指標の活用」「学校OJTのバージョンアップ」の2点に整理できます。以下、本章事例と関わらせながらそれらの内容を概観したいと思います。

2 教員育成指標を活用した人材育成

(1) 行政・学校の連動した取組の可能性

　「若手教師の育成」の戦略的推進の第一は、平成28（2016）年の教育公務員特別法等改正により導入された「校長及び教員の資質の向上に

　　　　　　　　総説　若手育成システムの構築に向けた視点

関する指標」（以下、教員育成指標と表記）の活用です。教員育成指標
の策定は、県市教育委員会の研修計画と連動し、特に若手教師対象の年
次研修（初任者研修等）の体系化に影響力をもっています。教育委員会
や学校現場においては、教員育成指標を若手育成システム再構築の「触
媒」と捉え活用する視野・姿勢が期待されます。

　教員育成指標を活用した若手教師の育成の要点は、「行政・学校の連
動した取組」の実現といえます。例えば、教育委員会においては、教員
育成指標と関連付けた年次研修等の改善はもちろん、各学校での指標を
活用した教師の力量振り返りと校内研修機能化の促進（そのための条件
整備）が求められます。また、学校現場では、教員育成指標を媒介とし
た校長・メンター教師と若手教師の対話・省察（資質能力の熟達の程度
や強み・成長課題の自覚化）の促進や、そこで検出された課題・ニーズ
情報を反映した、校内研修・OJTの機会設定・改善が期待されます。

　このような構図での教員育成指標活用の教育委員会レベルでの先駆例
の一つとして、大阪市教育センターの「教師力キャリアアップシート」
の開発及び関連する研修改革が挙げられます。同センターは、教員育成
指標制度化以前から、教師の職能発達の特質を踏まえて獲得が望ましい
資質能力を整理した「教師力キャリアアップシート」（当初は採用5年
目までの若手教師が主対象）を開発し（大阪市教育センター　2010・
2011・2012）、市の教員育成指標策定後は指標準拠のシートに再編し
ています。現在のシートでは、各ステージ別に指標項目に対応した「行
動目標」「達成目標」記入欄が設けられています。さらに同センターでは、
平成24（2012）年度のシート本格活用（シート活用自体は自発性を前提）
以降、各年次研修における本シート活用（全体研修での定期的振り返り
と交流機会の設定）を段階的に進めてきました。

　同センターの取組は、教育行政の次元に留まらず、各学校に対しても、
校外研修と校内研修・OJTとの有機的連動（メンター（助言者）となる
教師等のシートを介した指導助言、世代間交流の活性化等）を通じた、

第7章　事例：若手育成のシステムと実践

若手教師の育成充実の契機を含んでいる点で意義深いと思われます。

　学校現場においても、教員育成指標の萌芽的な活用実践も見られます。例えば、校内人材育成を経営の重点に据えるＡ中学校では、県教員育成指標策定を「追い風」と捉え、OJT担当教師を中心に「Ａ中スタンダード」を設定しました。その内容項目は県の教員育成指標に準拠しつつ、同校の実情に即して若干の補いが施されています。同校ではこれを若手教師（順次校内全員に拡大）が用いて力量形成状況や課題を確認することを推奨するとともに、検出されたニーズを校内OJTプログラム充実に活かす回路づくりに取り組んでいます（本章事例においても、例えば滋賀県甲賀市立信楽中学校（事例２）など今後教員育成指標の効果的活用を図り得るケースは多いと思われます）。

3　若手教師育成を意識したOJTのバージョンアップ

⑴　学校におけるOJT推進の今日的動向

　若手教師の力量形成の戦略化の第二として、「学校におけるOJT（On the Job Training)」の推進が挙げられます。「学校におけるOJT」は、行政用語としてその内容・方法が厳密に定義されるものではありませんが、直接指導としての①「個別指導方式」（コーチング等）、②「集団指導方式」（校内研修・授業研究会等）、間接指導としての③「マネジメントによる育成方式」（校務分掌・プロジェクトの活用等）を内包し、広がりをもつ人材育成の考え方・手法と整理されます（浅野 2009）。

　この考え方に含まれる、先輩教師をメンターとした指導機会や、日常業務の「困り感」に基づく授業・校務のノウハウ等の伝達機会（ポイントを絞ったミニ研修や模擬指導等）設定が、従来型の校内研修等と並び若手教師の育成に有効と捉えられています。

　2000年代半ば以降、各地の教育委員会は、ガイドブック開発等を通じて各学校でのOJTのプログラム・体制の構築を促進してきましたが、

近年新たな動きも見られます。例えば、特定年次研修への校内メンター方式導入（滋賀県のG-OJT（事例1・彦根市立城南小学校、事例2・甲賀市立信楽中学校を参照）など）、あるいは指導主事・指導員（退職校長等）派遣による校内研修活性化支援などの取組が目立つようになってきています。また、校務分掌上にOJT推進担当者を位置付ける教育委員会も見られます。このことは、スクールリーダーに対して、以上の動向とともに中堅教師が少ない／働き方改革も意識される現下の環境条件も視野に入れた、人材育成システムのバージョンアップの必要性を提起しています。

⑵　学校のOJT構築のポイント

　特に若手教師育成に対応し持続可能なOJT構築の要点は、以下のように整理できます。

　第一に、近年の学校の教職員年齢構成の変化に照らして、「若手が若手を育てる」コンセプトを校内人材育成戦略に位置付けることです。中堅・年長教師から若手への技術伝達に留まらず、校内・外の育成プロセスを経た若手教師と新任期若手教師の学び合いも学校全体の教育力・同僚性向上に有効と捉え、その具体化を図ることが重要となります。本章の事例では、事例2・信楽中学校WTM部会や事例4・兵庫県立小野工業高等学校若手研修会の取組から、この点の示唆を得ることができます。第二に、そのためにも、特に若手教師に対する、自らの熟達の程度や得意分野・課題の省察と自発的な研鑽につなげる働きかけを充実することです。前述の教員育成指標等を活用した個別指導の機会づくり等が考えられます。

　第三は、校内の教師の育成機会を、OJT（個別指導／集団指導／マネジメントによる育成）の視野から整理し体系化を図ることと言えます。このとき、①若手教師の困り感・ニーズに対応する育成機会と、「学びの専門家」としての実践的指導力向上に作用する授業研究・校内研修の

第7章　事例：若手育成のシステムと実践

機会の調和、②教委の年次研修制度と校内OJTの内容・仕組みの有機的
関連付け、③校務分掌の人材育成上の意味付けと活用等への取組が、特
に重要な視点となります。この点、事例1・城南小学校は、研修組織の
一本化のもと学校課題／教師の資質向上に関わる課題を両立する、効率
的・効果的な研修体系・組織の創出を試みた典型的な事例と言えます。

　そして第四として、OJT推進・実施体制への各年齢層教師の適切な活
用が挙げられます。推進担当者やメンターに力量経験ある中堅・年長教
師層を位置付けることはもちろん、管理職が自校の状況に適するOJT推
進・実施体制を整理した上で、登用する教師に役割期待を具体的に伝え
ること、これらの教師の職務負担やファシリテーション力量向上に配慮
することが求められます。事例3・山口県下関市立夢が丘中学校のユ
ニット型研修（学校運営協議会との連動の構想）の取組は、各層教師の
効果的な参画、さらに地域の関わりも含めた世代性・同僚性のもとでの
教師の職能発達システム構想（熊谷　2012）の先駆的実践と思われます
（他の3事例にも、職務負担・時間利用の適正化と各層教師の参画につ
いて参考となる工夫が見られます）。

［参考文献］

・浅野良一編『学校におけるOJTの効果的な進め方』教育開発研究所、2009年
・大阪市教育センター所報『クリエイト』59号、2010年・60号、2011年・
　61号、2012年
・大野裕己「若手層教員育成の内容・体制②学校のOJT推進の考え方」『リーダーズ・
　ライブラリ』Vol.5、ぎょうせい、2018年、pp.42-43
・独立行政法人教職員支援機構『育成指標の機能と活用』（平成30年度育成協議会
　の設置と育成指標・研修計画の作成に関する調査研究プロジェクト　報告書）、
　2019年
・熊谷愼之輔「スクールミドルの職能発達を支援する仕組み」小島弘道・熊谷愼之輔・
　末松裕基著『学校づくりとスクールミドル』学文社、2012年、pp.114-132

事例1　教師の力量と学校組織力の向上に向けた校内研修体制の構築

事例1 　教師の力量と学校組織力の向上に向けた校内研修体制の構築

❖ 滋賀県彦根市立城南小学校

　本校は、彦根市のほぼ中央、国宝彦根城の南に位置し、児童数800名を超える市内一規模の大きい学校です。校区は近年、新興住宅地の拡大によって新旧地域が入り交じり、保護者の価値観は多様化し、学校教育への期待は年々大きくなっています。

　本校には毎年2名の新規採用教員が配属され、学級担任は、教職経験年数10年未満の者が6割を超える、平均年齢30歳前半の大変若い教師集団となっています。そのため、解決すべき学校課題が多岐にわたる本校では、研修の機会を生かした教師の指導力向上が喫緊の課題です。

1　本校教師の力量向上に対する意識

　本校の教師の職能成長に対する意識を調査したところ、児童との関わりや日々の教育実践の積み重ねに比べ、研修や同僚との対話に対しては、あまり有効性を感じていないことが明らかとなりました。

　その反面、「学級経営や生徒指導について先輩教師に相談したい」「他の先生の授業をみて学びたい」という思いをもち、日頃のコミュニケーションはもちろん、学ぶ機会としての関わりを、同僚の教師に求める若手教師が多いことも分かりました。

　学ぶ意欲があっても研修に前向きになれない要因は、研修の形式化・形骸化と多忙化にありました。いわゆる「やらされ感」「徒労感」が研修意欲や同僚と共同的に学ぶ意欲を削いでいたのです。実際「意欲的に研修に取り組むためには、何が必要か」という質問に対して、「多忙化の解消」「時間と心のゆとり」「ニーズに合った実効性ある研修」「共同

的な雰囲気」という回答が多く見られ、本校には、これらを生み出す手立てを講じる必要を感じました。

2　校内研修体制の改善方略モデル

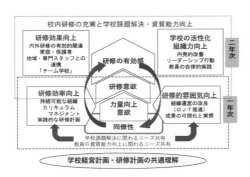

図1　校内研修体制の改善方略モデル

　2年間での実現を想定して、教師の資質能力向上に有効に働く校内研修体制への改善を目指した方略モデルを基に、教師の力量向上に取り組むことにしました（図1）。本校の教師集団に既存する同僚性と力量向上の意欲を持続させながら、研修効率と研修的雰囲気を向上させる手立てを加えることで、研修への意欲と有効感も高まるという、好循環を想定しました。2年目は、さらに研修効果と学校の活性化につなげる組織力を高める手立てを加えました。

3　教師の力量向上を目指した改善と実践の具体

(1)　実践的かつ持続可能な研修組織

　本校にある「授業研究」「G-OJT研修」（小グループでのOJT）「職員研修」の三つの校内研修の組織を一本化し、学年別研究会を全ての研修の中心組織として推進するようにしました（図2）。

　これにより時期や時間に左右されない日常的なOJTによる授業改善、教育的実践がしやすくなり、PDCAサイクルを循環させ、継続的な共通実践を可能にする、効率的で持続可能な研修組織に改善することができました。

事例1　教師の力量と学校組織力の向上に向けた校内研修体制の構築

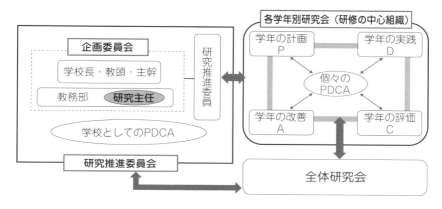

図2　研修効率を高める校内研修の組織モデル

(2) 研修時間を生み出すカリキュラム・マネジメントの実施

　学年研究会などの日常的なOJTを推進するために、学校時程を変更して児童の下校時刻を早め、放課後の時間を確保しました。これを可能にしたのは、業務改善に関わるカリキュラム・マネジメントです（写真1）。時間的圧迫感が解消した上に、業務の無駄を省き、本当に児童のためになることに時間を使うことが大切という意識が高まったことで、授業実践の成果や課題の共有など、職務に関わる教師間の対話が増えました（図3）。

　急な時程の変更については、学校長のPTAへの説明と理解を求める迅速な行動があって実

写真1　思考ツールを用いて時間を生み出す手立てを検討

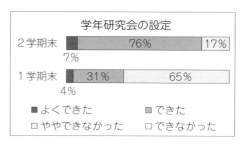

図3　研修時間の確保に関する調査結果より

155

第7章　事例：若手育成のシステムと実践

現しました。教師の力量向上には、個々の教師の努力はもちろんのこと、学校を経営する立場にある校長のマネジメント力の発揮も、研修的雰囲気や個々の教師の意欲を高める大切な要素であると言えます。

(3) 学び合いと立場に応じた参画を促すシステムの構築

　教師同士が日常的に学び合える機会を増やすために、授業の相互参観を可能にするシステムをつくりました。特に小学校の教師は、授業や学級経営の大部分を1人で担うことが多く、互いの実践を気軽に参観し合う機会も限られてしまいます。そこで、授業研究会で授業提案に当たっている授業者及びその学年教師は、単元の全時間の実践を公開して、他の学年教師の参画機会を増やしました。

　授業提案をする学年の教師たちは、授業者のために互いの授業実践に基づいて指導案を共同検討することがよくあります。そこに、他学年の教師が任意に参加できるようにすることで、年数回の研究会の場だけでなく、年間を通じた日常的な学び合いが可能となると考えました。学年全教師の授業計画（日時等）を前もって公表し、短時間でも都合を付けて授業参観や授業づくりに関わる対話ができるようにしました。この取組により、研究会では1時間の全体公開授業についてだけでなく、単元全体を見通して様々な視点から協議することができました。

　また、授業者1人に負担を感じさせず、全員で授業を考えて実践・検証するという、研究会における当事者意識を高めることにもつながりました。時間や組織を新たにつくって意図的に学ぶ場を設定しなくても、学年、学級の枠を越えた自然なOJT推進につなげられることが分かりました。

　教師一人一人の学びを点で終わらせず、教師自身、教師相互の学びをつないでいくこと

写真2　研究・研修コーナー

事例1　教師の力量と学校組織力の向上に向けた校内研修体制の構築

写真3　談話コーナー

も大切であると考えます。学び合いの意識や研究への参画意識をさらに高めるために、研究・研修コーナーを設置し、学年の実践の方向や目標、まさに今行っている授業の様子を、言葉や写真などで紹介し合い、交流し合える環境づくりにも取り組みました（写真2）。

思考ツールとして研究会で活用した模造紙などを印刷の片手間に見られるように掲示して、時間を掛けずに情報が伝わる工夫をしたり、研究・研修コーナーの近くにテーブルを置き、談話コーナーを設定したりしたことも、研修的雰囲気、日常的なOJTの意識を高めることにつながりました（写真3）。

⑷　**マネジメントサイクルを生かした研修の継続的推進**

研究会はワークショップ型で行い、それぞれのキャリアや立場を生かしながら、当事者意識をもって主体的に参加できるようにしました。そして、個人、学年二つのマネジメントサイクルを関連付け、有効に働くようにしました（図4）。

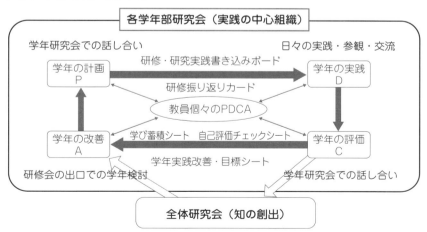

図4　研修のマネジメントサイクル

外部講師の助言を聞いて会を終了するという研究会が多い中、本校では、この時間の学びを、個人、学年の実践にどのようにつなげるかまで考えることが研修と意識できるように、その場でのリフレクションシートの記入と短時間の学年会を設定しました。研修会ごとに実践と省察を積み重ねたことにより、学びが可視化され、自身の力量向上に対する実感も高まったと考えられます。

4　成果と課題

研修効率と研修的雰囲気の改善に伴って高まった研修意欲とOJTによる実践で、力量向上の実感を得られた教師が多かったことから、改善が有効に働いたと言えます（図5）。今後は、さらなる意欲と有効感を持続させる研修の質的向上に向けて、専門スタッフや地域人材との連携による教師の資質能力向上と「チーム学校」の在り方や関連について実践・検証していきたいと考えています。

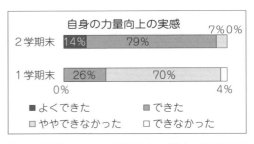

図5　研修における力量向上に関する調査結果より

〔上松由美子〕

事例2 高め合い、学び続ける「WTM」（若手つながります）

事例2 高め合い、学び続ける 「WTM」（若手つながります）

組織的な若手教師育成システム

❖ 滋賀県甲賀市立信楽中学校

1 本校の概要と教育課題

　信楽中学校は、三重県や京都府に隣接する滋賀県南部の甲賀市信楽町のほぼ中央部に位置しています。学級数9、特別支援学級数4、生徒数244名、教職員数25名（非常勤講師除く）で、甲賀市の中学校では小規模の学校です。

　本校は、ミドルリーダーとなるべき30代の教師の数が少なく、常勤講師を含む20代の若手教師が多い年齢構成です。また今後5年間に大量退職を迎え、若手教師の採用が加速していき、フラスコ型の年齢構成になります。

　本校の教師は、高い力量をもっていますが、チームとして効率的かつ効果的に発揮できていないこと、若手教師が専門的な知識や技能を習得できる場が少ないこと、生徒の学習意欲の低下や家庭学習の習慣がついていないことなど、「組織的な人材育成」と「学ぶ意欲と学習習慣の確立」に課題があります。

2 教育課題の解決に向けて

　フラスコ型の年齢構成になる本校では、大胆な着想やアイデアをもった若手教師がチームを組み、リーダーシップをもって課題解決に向かう必要性を感じます。そこで、筆者がOJT推進委員を務めていた2年前、若手教師の指導力向上に向けた取組や悩み相談等の支援を行ったWTM

第7章 事例：若手育成のシステムと実践

（若手つながります）と称するチームを再始動する計画を立てました。

　WTMとは、教職歴5年未満の若手教師がチームを組み、OJT推進委員や学力向上推進員のコーディネートのもと、組織的に取り組む人材育成システムです。

3　若手教師を育てる人材育成システム

　図1に示す人材育成システムは、若手教師の資質能力向上を中核に据えていますが、同世代や多世代、全教職員がつながり、高め合い・学び続けるチームとしての人材育成システムとしています。

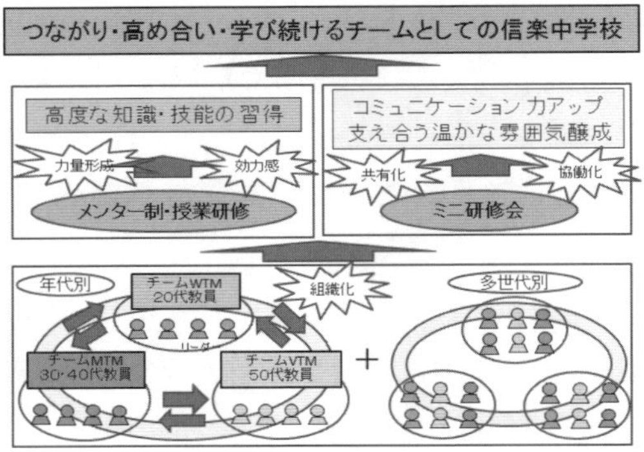

　具体的には、①メンター制研修、②ミニ研修、③公開授業、④WTM部会の4点について実践しました。以下、取り組んだ実践を紹介します。

図1　信楽中学校人材育成システム

(1)　若手教師の力量形成と中堅・年長教師の効力感につながるメンター制研修

　メンター制研修は、WTMメンバーから身に付けたい知識・技能の調査を行うと同時に、中堅教師・年長教師からは、職歴や得意分野の調査を行い、互いのニーズに適した内容を設定しました。このことで、若手教師の力量形成と同時に、中堅・年長教師自ら学び直す意識と、教えて感じる効力感が生まれます。全体計画表を提示し、見通しをもって学校全体で協働化する仕組みとしました。

事例2　高め合い、学び続ける「WTM」（若手つながります）

■実践例①　7月10日（火）　校長室
◇テーマ「学級懇談会について」

　次週の学期末懇談会に向けて、第1学年主任を講師として、教師と保護者の両面から保護者会に求めるものは何なのか、また保護者会の進め方を細かく提示していただきました。最後には、保護者との個別懇談の演習（ケーススタディ）を行いました。実際起こり得る事例を基に、やり取りを行い、適切な対応を考えました。

[メンティのリフレクションから]
・保護者会に向かう教師の姿は、格好をつけずありのままの姿で臨むという言葉が印象的でした。
・保護者は、最前線の担任との関係を大事にしたいと考えている。その担任とのコミュニケーションが重要であることを改めて確認できました。

⑵　課題の共有化・協働化に向けたミニ研修

　ミニ研修は、若手・中堅・年長教師がバランスよくチームを組み、研修ごとに編成を変え、全教職員と交流できる研修形態としました。研修内容は、キャリア形成やコミュニケーション力向上に関する研修、AED研修や避難訓練などの学校危機管理に関する研修、伝達講習などを設定しました。手法としては、ワークショップやシミュレーション形式で、つながり・高め合える研修としました。これらの研修を若手教師だけでなく、校務分掌等の人材を生かしながら全教師の力量形成につながる人材育成研修と位置付けました。

■実践例②　4月25日（水）職員会議後
◇テーマ「キャリアの振り返りをして、教師が育つ種を交流しよう」
　　＜事前準備＞キャリアの振り返りシートの記入を依頼（図2）

　各グループとも、年長教師を中心に自分のキャリアの振り返りを若手教師に語りました。グループ内で、意見が飛び交い、和やかなムードで

交流でき、若手教師から積極的な質問も出ました。発表では、若手教師がグループのキーワードを基に、教師が育つ種を全教職員で共有しました。

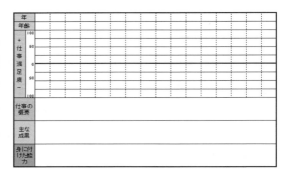

図2　キャリア振り返りシート

```
　　　　　　　［教師の育つ種はコレだ！］
・与えられたポスト　・新しい出会い　・授業で勝負
・ネットワーク　・働く環境の変化（転勤）　・リセット力
・苦手なことにも挑戦　・失敗は大事　・外部研修に参加
・追い込まれた時
　　　　　　　　　　　　　　　　　　　　　　（一部抜粋）

＜演習を終えて　まとめ＞
　（教師の育つ種）×（チームワーク）
　　　　＝つながり・高め合い・学び続ける信楽中学校
```

(3) 授業力を高める公開授業週間

　公開授業週間を学期に1回設定し、若手教師と中堅・年長教師が授業の相互参観を行いました。3回の公開授業週間では、同教科だけでなく異教科の授業参観になるようにしました。授業の省察については、授業参観用紙にコメント記入を行い、授業力向上に役立った工夫を紹介することで全教師が共有し、授業改善に努めました。

(4) つながり、高め合えるWTM部会

　WTM部会は、上記に示した(1)～(3)の実践を通したリフレクションの交流を行い、個や組織としての力量形成を図りました。また、本校教育

事例2　高め合い、学び続ける「WTM」(若手つながります)

課題の一つとして挙げた「学ぶ意欲と学習習慣の確立」に向けた手立てについて、積極的な意見交流を行いました（図3）。

図3　WTM部会レジュメ

4　実践段階でのポイント

3で示した組織的な取組を効率的・効果的に実践するに当たって、以下の視点を重視して取り組みました。

(1) 時間の確保

　超勤縮減、業務改善が求められている中、実践段階での工夫として、職員会議資料の3日前配布、事前通読によって、効率的な運営を心掛け、ミニ研修会を行う時間を生み出しました。また、時間割編成をする上で、WTMメンバーの空き時間を週1回揃え、課業時間中にWTM部会を行いました。

(2) 管理職のリーダーシップ

　若手教師をリーダーとして育て、力量形成を図るには、学校長がファシリテートしながら育てる視点も大切であると考えました。学校のトップリーダーである学校長の指導・支援によって、学校全体としての協働化が進むように、WTM部会やメンター制研修を校長室で開くことにしました。また、教師が育つ場面は授業であり、授業力向上に向けて授業参観による指導・支援が必要であると学校長が判断されました。

163

(3) 実践化・共有化に向けて

若手教師の育成で終わるのではなく、全教職員の力量形成やつながり・高め合えるシステムでなければならないと考えました。学校全体での実践化に向けて、メンター制研修では、若手教師だけでなく、全教職員に資料を配布し、参加を呼びかけました。また、情報の共有化に向けては、WTM部会の協議内容やメンター制研修、ミニ研修のリフレクション情報、公開授業等から得られた授業改善のヒントなどをWTM通信を通して校内に提供しました（図4）。

図4　WTM通信

5　成果と課題

　メンター制研修やミニ研修、公開授業週間の取組から、若手教師からは「日々の指導に活かせている」や「先輩教師に気軽に相談できる」という肯定的な意見が多く、効果的であったことが窺えます。WTM部会の立ち上げは、「若手同士で思いが共有できた」や「何でも言い合える」など若手教師のつながりの場になっています。

　また、中堅・年長教師も「若手教師を育てる意識が高まった」などの声やWTM通信による情報共有の様子から、学校全体としての取組になっていると感じています。

　この「組織的な人材育成」の取組は、もう一つの教育課題である「学ぶ意欲と学習習慣の確立」の解決にもつながる点がありました。具体例としては、WTM部会を中心に、テスト前の質問教室を昨年度から変更し、ミニ授業形式で行いました。当初は、WTMメンバーの取組でしたが、回数を重ねるごとに複数の教師に広がり、スモールステップながら、

事例2　高め合い、学び続ける「WTM」（若手つながります）

組織全体の取組へつなげることができました。

　WTMを組織として育てる仕組みは、若手教師の力量育成、教職員全体の教育力・同僚性向上に有機的に働いています。ただ課題としては、WTMを持続可能な組織として確立するために、部会の回数や研修内容の精査、ファシリテートするリーダーの育成が必要だと考えています。

6　今後の展望

　「組織的な人材育成」を効果的・効率的に実践するに当たっては、「若手教師を全教職員で育てる」視点で取り組んできました。ただ、教師の年齢構成が大きく変化する今、「若手教師が若手教師を育てる」視点も重要です。この取組の継続によって数年後には、教職歴6年から10年の教師がミドルリーダーとなり、継続的発展につなげてほしいと考えます。また、若手教師で構成するWTMが、本校のもう一つの教育課題である「学ぶ意欲と学習習慣の確立」に向けて、多様なアイデアを生み出し実践化できる組織になることを期待しています。

　この「組織的な人材育成」の取組は、若手教師の育成だけでなく組織力向上にもつながっていることから、生徒指導、保護者対応など多種多様な教育課題の解決に向かうためにも必要であると感じています。

〔小島靖弘〕

［注］
・図1におけるチームMTMは「ミドルつながります」、チームVTMは「ベテランつながります」を意味する。

［参考文献］
・マネジメント研修カリキュラム等開発会議『学校組織マネジメント研修～すべての教職員のために～モデル・カリキュラム』文部科学省、2005年

第7章　事例：若手育成のシステムと実践

事例3　**コミュニティ・スクールを生かした人材育成**

❖ 山口県下関市立夢が丘中学校

1　本校の概要

　本校は、響灘と豊かな自然が広がる山口県下関市北西部の旧豊浦町に位置し、「教科教室型」「地域開放型」「生活空間型」の三つの基本コンセプトのもと、二つの中学校が統合して平成17（2005）年度に開校した学校です。特に、「地域開放」を地域住民との交流による住民参加型の教育活動と捉え、日常的な地域住民との交流や豊かな自然の中で育った生徒は、生徒会活動や部活動、ボランティア活動等に積極的に取り組み、明るく元気な学校生活を送っています。

　平成30（2018）年度の生徒数は231名で、学級数は各学年3学級と一つの特別支援学級の計10学級です。今後、10年間は240名前後の生徒数で推移する予定です。

　また、教職員数は本務教職員17名、非常勤講師4名、その他スクールカウンセラーや市の嘱託職員等6名の計27名です。教職員の多くが50代であり、この50代教師のモチベーションを高めることと併せて、大量退職時代を迎えて、少ない30代・40代教師をミドルリーダーやスクールリーダーとして育成することが喫緊の課題となっています。

　そこで、この課題解決のため、本校の強みである地域連携やコ

生徒数	231名
学級数	10学級
教職員数	17名
非常勤講師	4名
その他（SC、特支支援員、校務技士、コーディネーター、学力向上推進教員）	6名

平成30年度の学校規模

事例3　コミュニティ・スクールを生かした人材育成

ミュニティ・スクールの取組を活用して、子どもの学びや育ちの支援だけでなく、教職員の人材育成を推進することとしました。

2　コミュニティ・スクールを生かした人材育成

　山口県では、コミュニティ・スクールが核となり、各中学校区で地域のネットワークを形成し、社会総がかりで子どもたちの学びや育ちを見守り支援する「やまぐち型地域連携教育」を推進しています。

　本校においても、平成17年度の開校当初より「地域開放型」を基本コンセプトの一つとして地域との連携を図ってきました。また、平成26（2014）年度に下関市の全小中学校がコミュニティ・スクールとなり、本校においても地域連携だけでなく、「学校運営」「学校支援」「地域貢献」の機能をもつコミュニティ・スクールとして、学校・家庭・地域が目標や課題を共有し、相互が連携・協働し、生徒の豊かな学びや学校を核とした人づくり・地域づくりの好循環の創出を目指しています。本校は20代の若手教師はいませんが、コミュニティ・スクールの取組の中で、若手育成にも寄与すると思われる教職員の人材育成に係る取組を紹介します（平成30年度の取組より）。

⑴　学校運営協議会への参加促進

　本校では、学校運営協議会を年6回開催し、そのうちの4回は中学校単独での会議で、17名の教職員のうち、毎回半数程度が参加しています。また、残りの2回は小中合同での会議で、教職員のほぼ全員が参加しています。特に本校の学校運営協議会では、学校運営協議会組織と教職員の研修組織を連動させ、委員と教職員とが一緒になって熟議を行うことで、学校課題の共有と解決に向けた取組について共通理解を図っています（平成30年度よりPTA組織とも連動させ、毎回数名の保護者の参加を得ることができました。令和元（2019）年度からは、本格的にPTA

167

役員も交えた熟議を行うことにしています）（図１）。

　この取組によって、教職員が学校運営や地域について意識し、教職員による学校課題解決のための取組の提案が行われるなど、教職員の学校運営に対する参画意識や企画力等が高まってきました。また、30代・40代の教師が、熟議の際のグループのファシリテーターをすることで、コミュニケーション力やグループをまとめる調整力も付いてきました。

　併せて、小中合同の会議で夢が丘中学校区の目指す子ども像を皆で共有し、令和元年度からの共通取組を皆で決定することで、教職員・保護者・地域住民が９年間を見通した夢が丘中学校区の子どもたちの学びや育ち、さらに小中連携や地域連携の必要性を意識するようになりました。

■学校運営協議会実施の概要
①学校運営協議会委員数15名（地域住民、PTA役員）
②協議会の実施回数及び教職員の延べ参加人数
　・年６回実施、本校教職員延べ参加人数70人
③主な協議内容（毎回熟議を実施）
　＜中学校単独＞
第１回　本年度の学校運営及びコミュニティ・スクールの活動について
第２回　「学校評価」について、「学校評価アンケート項目」について
第３回　「学校評価アンケート結果、学力・生徒指導の現状」について
第４回　本年度の「学校評価」及び来年度の取組について
　＜小中学校合同＞
第１回　夢が丘中学校区の「めざす子ども像」について
第２回　めざす子ども像達成に向けた取組について

小中合同の学校運営協議会での熟議

事例3　コミュニティ・スクールを生かした人材育成

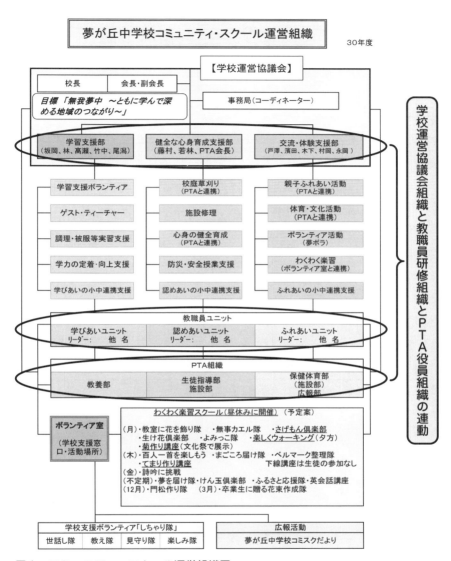

図1　コミュニティ・スクール運営組織図

第7章　事例：若手育成のシステムと実践

⑵　ユニット型研修の推進

　校内の授業研究は、図2のメンバーで行うユニット型研修で実施しています。ユニット型研修は、年3回の全体で行う授業研究でのグループ協議の他、ユニットごとの研修を行います。ユニットごとの研修は、1グループの人数が少ないため、小回りがききメンバーの都合のよいときに授業研究を実施できるメリットがあります。また、1グループのメンバーを若手（教職経験10年程度）・中堅（教職経験20年程度）・ベテラ

☆：ユニットリーダー　※	学びあいユニット（学力向上ユニット）			認めあいユニット（豊かな心育成ユニット）			ふれあいユニット（連携・協働ユニット）		
	若手	中堅	ベテラン	若手	中堅	ベテラン	若手	中堅	ベテラン
1年部		（数学）		（保体）			（美術）		☆（国語）
2年部	☆（英語）				（音楽）				（数学）
3年部		（国語）	（社会）	☆（保体）		（特支）			（英語）
その他			（理科）					（事務）	（養護）
研修推進委員会	校長・教頭・教務主任・研修主任・各ユニットリーダー								
学校運営協議会	学習支援部			健全な心身育成支援部			交流・体験活動支援部		

※若手　　　初任者、教職経験15年未満の教職員
　中堅　　　教職経験15年以上25年未満の教職員
　ベテラン　教職経験25年以上の教職員
○ユニット内での学校の課題解決
　・学びあいユニット　言語活動やグループでの協同学習などの実践
　　（学力向上）　　　授業改善に向けた取組など
　・ふれあいユニット　小中連携、保護者、地域との連携の推進
　　（連携・協働）　　ボランティア活動の充実
　　　　　　　　　　　生徒会活動の活性化など
　・認めあいユニット　道徳教育・人権教育・安全教育の推進
　　（豊かな心育成）　生徒理解の研修
　　　　　　　　　　　ふれあい奉仕作業の実施など
○ユニット内での互見授業
○ユニットを生かした指導案検討会・ワークショップ型の研究協議の開催
○コミュニティ・スクール（夢が丘中学校運営協議会）組織との連動

図2　平成30年度　夢が丘中学校ユニット型研修組織

ン（教職経験30年程度）で組み合わせることで、それぞれのキャリアステージに応じた体系的、効果的な人材育成につながっています。

　現在、学校運営協議会組織とユニット型研修組織が連動して、コミュニティ・スクールの取組を推進していますが、将来的には、学校運営協議会委員が授業研究に参加し、委員としての資質向上を図るとともに、委員と教師が互いに授業について意見交換を行うことで、生徒目線での授業改善につなげていきたいと考えています。

⑶　大学との連携・協働

　平成30年度から、教員免許取得希望の大学生による学習支援を大学と連携して実施しています。この取組は、大学生が一つの学級を1、2名ずつで担当し、それぞれ担当学級の全授業参観及び学習支援を行います。

　大学生にとっては、教育実習前に学校現場を知る機会となり、授業だけでなく、給食や昼休みや部活動に参加するなど、意欲的に生徒と関わる姿が見られました。

　また、教師にとっては、大学生の熱心な取組に触発され、毎時間の授業に対する意識も高くなり、大学生から質問を受けることで自分の授業を振り返る機会にもなりました。さらに、30代・40代の教師が、大学生に対してそれぞれ1時間の講義をすることで、これまでの教職経験の振り返りと併せて、ミドルリーダー・スクールリーダーとして必要な若手教師への指導力の向上につながっているものと考えます。

　なお、大学生の校区内での宿泊施設については、学校運営協議会委員に尽力していただきました。

■大学との連携・協働の概要

①連携大学及び参加人数

　下関市立大学　　1月18日（14名参加）・2月5〜8日（毎日9名参加）

　　　　　　　　延べ参加人数　　50名

②取組内容
　学級の活動に参加（朝の会、帰りの会、給食、昼休み等）
　授業に参加（授業参観及び授業支援）
　講義に参加（教師3名〈30代2名、40代1名〉1時間の講義実施）
　部活動に参加

【活動の様子】

生徒への学習支援

授業体験

授業参観

3　今後の展望

　これまでのことから、学校・家庭・地域が連携・協働し、子どもたちの学びや育ちを見守り、支援するコミュニティ・スクールの取組は、生徒の自己肯定感を高め、地域の担い手としての意識の醸成を図ることはもちろん、教職員の資質向上にもつながっています。

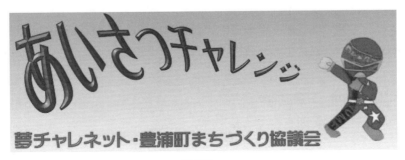
図3　あいさつチャレンジ週間の横断幕

そこで、平成30年度の取組をさらに充実させるため、令和元年度は、学校運営協議会の取組と生徒会活動を連動させたいと考えています。すでに、生徒会担当教師（40代）が、来年度の小中共通の取組事項

図4　夢チャレネットのネットワーク図

「あいさつチャレンジ週間」の企画・運営を生徒会で検討することにしています。

　また、夢が丘中学校区の小中学校の各学校運営協議会を核として、地域の団体（公民館、青少年健全育成協議会、まちづくり協議会、県立学校等）とのネットワークを整備して、地域連携カリキュラムを作成する等、校区全体でめざす子ども像「ふるさとを愛し、夢にチャレンジする子ども」を育てたいと考えています。

　さらに、地域連携担当教職員の役割について、これまでのコーディネーターとの連絡調整や校内教員の支援ニーズの把握・調整だけでなく、カリキュラム・マネジメントや小中連携の推進も位置付け、本校の30代・40代教師に担わせたいと考えています。そのために、来年度は、30代の教師を教職大学院へ派遣し、本人の資質向上を図るとともに、本人の学びを、夢が丘中学校区の小中学校の研修に還元させ、校区内の小中学校の全教職員の資質向上を図ることにしています。

　最後に、夢が丘中学校では、コミュニティ・スクールの取組を生かし「学校を元気に」そして「地域を元気に」することを目指します。

〔松岡千鶴〕

第7章　事例：若手育成のシステムと実践

事例4　**組織構造の確立と若年教師等の育成における学校づくり**

❖　兵庫県立小野工業高等学校

1　学校概況

　兵庫県立小野工業高等学校は、兵庫県東播磨地区のほぼ中央に位置し古くからそろばんと家庭用刃物の生産地として発展を遂げている小野市にあります。

　県立小野工業高等学校は全日制課程と定時制課程を併置し、全日制課程は、工業に関する学科として金属工業科、機械科、電子科の3学科及び家庭に関する学科の生活創造科をあわせた4学科、定時制課程は機械科を設置しています。県下でも工業と家庭に関する学科を併設しているのは県立小野工業高等学校のみです。令和元（2019）年に創立80周年になる歴史ある専門高校です。クラス数は、1年生4クラス、2年生4クラス、3年生5クラス計13クラス（平成30（2018）年現在）の小規模校で、近年の少子化の影響を受けています。県立小野工業高等学校における教師の年齢構成は図1（平成30年現在）のようになっています。在職年数では、50代以上が教員全体の約45％、そのうち最長5年の期限付き教師が約16％という状況下にあり、早急に組織構造を確立することが望まれる状況です。

　県立小野工業高等学校の特色とし

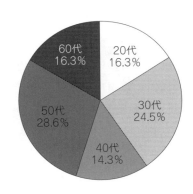

図1　教師の年齢構成

ては以下の４点が挙げられます。①ものづくりコンテストなどで優秀な成績を収めていること、②生徒の資格取得の意識が高いこと、③力量の高い専門学科教師がいること、④広報活動の充実により地域の理解が深まっていることなどです。反面、課題を分析すると組織と教師の課題に集中し、具体的には３点に整理することができます。①教師の在職年数と年齢の構成がアンバランスなこと、②専門学科と普通教科を比較すると、専門学科の教師の高齢化が進行し技術の継承などが危惧され、一方普通教科は若手が多く指導力の向上が必要であること、③中堅や年長教師層が若手を育成するシステムが未成熟なことです。

2　潜在的な課題解決に向けて

　前述の課題①では、専門学科教師の在任期間が普通科教師よりも長く、人事交流も難しいこと、また専門学科高校が一般に普通科教師から敬遠されがちなことから、新任教師や時間講師で補充しています。②では、専門学科教師は職人気質が強く、教え育てるという意識に乏しい面があります。若手教師に関しては新任教師はおよそ３年で異動対象となり、後任も若手教師が配属されます。そのために教科指導のできる中堅教師層が手薄になり、十分な教科研修を行うことが難しい現状にあります。県立小野工業高等学校の喫緊の課題である近未来の教師の大量退職に伴う組織の空洞化と中堅層の不在を解消するために、以下の４点が主たるポイントとなります。①将来構想委員会を基に若手教師を育成すること、②外部の研修を活用してミドルリーダーを養成すること、③学校評価システムを活用すること、④若手教師を対象とした自主研修会を推進することです。

(1)　将来構想委員会を基に若手教師の育成
　短期スパンの構想委員会であったビジョン委員会を前身に、創立70

第7章　事例：若手育成のシステムと実践

周年を機に平成22（2010）年、当時の坂本三好校長の指揮の下、県立小野工業高等学校の10年、20年後さらには100周年に向けた将来ビジョンを内外に問いかけ、学校のあるべき姿を構築するものとし将来構想委員会を立ち上げました。

　将来構想委員会組織は、教職員で構成された校内委員会と有識者を含めた外部委員会からなります。校内委員会は以下の三つのプロジェクト型組織のワーキンググループ（以下、「WG」）から構成され、①ものづくり技術の向上を目指した「スペシャリストの育成WG」、②専門性を向上させるための「学びの充実WG」、③地域の担い手としてリーダー性を向上させる「人間力向上WG」を柱としています。

　校内委員会の委員構成は年長教師と若手教師を中心として、手薄な中堅層を補うとともに、それぞれのWGで分析・課題解決のための手立てやその取組を支援することに当たります。そうすることにより、WGとしてのPDSの学習を経験させ、将来的な分掌組織の自律的な取組を促します。この経験を積むことで校内委員会の活性化と若手教師の職能開発が図られます。また、それぞれのWGの構成員は5〜6名程度（これ以上の人数になると会議時間を授業間にとることが困難）、会議については、各WGの教師の授業の空き時間50分間で実施します。また、各WGの意見を校内委員会で集約し、将来構想委員会（外部委員会）で意見交換し指導・助言するといった組織になっています。それぞれのWGの若手教師を中心に、佐土原（宮崎県）、熊本農業・熊本工業（熊本県）、海田・総合技術（広島県）、伏見工業・府立工業（京都府）などの他府県の先進高等学校を視察し、多くの示唆や刺激を受け、改善できることについては即時対応するよう試みました。

　将来構想委員会（外部委員会）の構成員は、学識者として兵庫教育大学教授を委員長に、兵庫県教育委員会事務局高校教育課指導主事、小野市教育委員会学校教育課主事、小野市立中学校代表校長、大手民間企業部長、中堅民間企業部長、同窓会会長、PTA会長からなります。

外部委員会は、学校に対して企業側から見た将来の工業高校の在り方、中学校や地域が求める学校の要望や深い意見を聴取し、将来構想委員会（校内委員会）を通して学校経営に反映させます。

⑵　外部の研修を活用したミドルリーダーの養成

前述の②外部の研修を活用したミドルリーダーの養成は、教職員等中央研修（中堅教員研修）や学校評価指導者養成研修など独立行政法人教職員支援機構（旧教員研修センター）への教員研修派遣や兵庫県の内部留学制度（兵庫教育大学への現職教員派遣）を通して、即効性のある取組を計画的に行っています。これらの研修に参加した中堅教師は、次期ミドルリーダー、将来的なスクールリーダーとして学校組織の中心的役目を担います。

⑶　学校評価システムの活用

前述③学校評価システムの活用については、まず組織のトレーニングツールとして既存の学校評価システムの活用を図ります。短期間のスパンで学校評価による小さな成功体験の積み重ねをすることにより、組織を活性化させることにつなげます。同時に強みである広報活動を活かし、県立小野工業高等学校の在りたい姿（ビジョン・ミッション）を学校内外へ発信し、学校の魅力・特色化の推進を図ります。

組織文化を創造する可能性を探ることをねらいとした学校組織開発として、外部からのやらされ感や個人的な思い込みなどの感覚ではなく、事実と数値に基づいた客観的な判断により、組織内部からの提案で目標設定を行う組織構築の経験を積みます。分掌内で適切な目標設定と課題解決が実現できれば、小さな成功から少しずつ組織としての構造が出来上がります。

県立小野工業高等学校の学校評価システムは、平成22（2010）年度から年間2サイクル型で運用をしています。平成21（2009）年度より

第7章　事例：若手育成のシステムと実践

アンケート処理の集計に関わる情報化（マークシートリーダ）の導入で、集計に関しての疲弊感は低減されました。また、評価項目はチェックリスト型から重点項目型に変更し、具体的な学校教育活動の重点項目に踏み込んだものとなりました。マークシートリーダを活用することで集計などの事務処理が校内にも浸透し、他のアンケート調査や教科指導でも扱われる機会が増え校務の軽減にも一役かっています。

　平成23（2011）年度よりアンケート項目の作成は各分掌で行っていますが、目標設定の在り方や重点項目の設定など、指標設定に不慣れなところが大きいため、この点では②のミドルリーダーとして主幹教諭や教員研修センターに派遣（学校評価指導者養成研修）された教師のもつ意味は大きく、活動指標、成果指標、スケジュール指標など幅広い指標の下で、学校教育目標達成に向けた教育活動が具現化できるよう各分掌に働きかけています。

⑷　若手教師を中心とした自主研修会

　次に、主幹教諭が若手教師の育成に当たる自主研修会があります。目的は大きく3点挙げられます。①講師を中心とした若手教師も増える中での採用試験対策を含む資質向上、②対生徒に関しての悩みの共感や共有、生徒や校内での情報収集、③コミュニケーションツールとしての研修会の実施となっています。

　これまでの若手教師の研修会は、初任者研修対象者に限定することで半強制的になり、やらされ感が生じてしまいがちでしたが、そういった枠組みを取り払うことを意図してワイガヤやストーブ会議といったような場を設定しています。若手教師にオープンな研修の機会を設けたことで、自主的で主体的な自己研鑽の色が濃くなりました。参加者は、講師や採用から2年目の教師が中心となっています。研修会でのファシリテータは、主幹教諭が務め、これまでの経験や実体験を踏まえた助言や動機付けを行います。研修内容は年度当初に主幹教諭が中心になって設

表1　研修会例　平成30（2018）年度

回	研 修 内 容
第1回	KJ法による課題解決法（コンセンサスゲーム）
第2回	授業改善に向けた手のつけどころ（LD予備軍への対応）
第3回	授業改善に向けた手のつけどころ（生徒のリフレーミング）
第4回	教員採用試験に向けて（指導の重点、先輩教師より）
第5回	教員採用試験に向けて（面接練習、模擬授業）
第6回	授業改善に向けて（ケーススタディ）

定しますが、実情に合わせて途中で内容変更することもあります（表1）。若手教師の研修会の参加人数は少ない時もありますが、研修内容は、実践的な題材や内容を扱っていることもあり、積極的で議論も白熱することが多く、1時間を超えることもあります（写真1）。

　研修会に参加する情熱のある若手教師のモチベーションを高揚させることで、若手教師の価値観が広がり、他教科の教師の仲間が増え、得るものも多く学校に活気を与えます。近年の若手研修会は、全日制課程のみならず、定時制課程も含めた全・定合同の若手教師の研修会へと広がりがみられようになりました。管理職は、主幹教諭を後方から支援する形で、研修会の進捗状況の報告・連絡・相談を実施しています。また、面接指導では、管理職の協力を得ることで、ミドルリーダーとしての職能開発にもつなげています。

　この他にも初任者は校内研修で一般指導120時間以上、教科指導180時間以上と充実しており、年間2回の公開授業週間で積極的に研究授業を

写真1　研修会の様子

第7章　事例：若手育成のシステムと実践

実施することや、半期に一度の割合で、教職員全体に初任者研修の報告
会を実施しています。また、最新の国の動向や全県の情報を報告するこ
とで、学校全体に還元できるように初任者以外の教師にも視野を広げ資
質向上するような機会を設けています。

3　今後に向けた取組

　将来的に、大量退職、学校課題の多様化・複雑化など教育を取り巻く
状況が激しく変化する中、若手教師やミドルリーダーの育成、また、学
校組織の活性化や「チーム学校」としてのますますの向上が重要となっ
てきます。それに対し県立小野工業高等学校の中長期ビジョンでは、次
世代の人材育成と改善促進を視野に入れたプロジェクト型組織の構築や
外部資源の活用を通じた、社会全体で学校を核とした地域や学校間（小
高・中高・高高・高大）の連携、参画の実施なども視野に入れた取組を
推進していきます。

〔隈元優一〕

［参考文献］
・兵庫教育大学学校経営研究会『現代学校経営研究』第25号、2018年
・浅野良一編『学校におけるOJTの効果的な進め方』教育開発研究所、2009年
・加治佐哲也編著『学校のニューリーダーを育てる　管理職研修の新たなスタイル』
　学事出版、2008年
・篠原清昭編著『スクールマネジメント　新しい学校経営の方法と実践』ミネルヴァ
　書房、2006年
・古川久敬著『チームマネジメント』日本経済新聞社、2004年
・沼上幹著『組織戦略の考え方―企業経営の健全性のために』筑摩書房、2003年
・T.E.デール・K.D.ピターソン著、中留武昭・加治佐哲也・八尾坂修訳『学校文化
　を創るスクールリーダー――学校改善をめざして―』風間書房、2002年
・金井壽宏著『経営組織』日本経済新聞社、1999年
・堀内孜編『公教育経営学』学術図書出版社、1996年

第8章
ケースメソッド学習法

大脇康弘
関西福祉科学大学教授

第8章　ケースメソッド学習法

第1節 ◆ **スクールリーダー教育とケースメソッド**

1　ケースメソッド学習法の実践

ケースメソッドの特徴
「ケース討議法」"Case Method of Instruction"
1　学校づくりの意思決定を疑似体験
2　個人で集団で学びを深める 　　個人学習→グループ討議→クラス討議→レポート作成
3　ケースリーダーは集団の自主的討議をリードする
4　継続的学習による「学習コミュニティ」の形成

　ケースメソッドは、「実際の出来事を記述したケース教材を元に、自らが当事者ならばどのように意思決定するかをまとめた上で、集団で討議を重ねる教育法」であると定義します。これはハーバード大学ビジネススクール（HBS）、世界のビジネススクール（MBA）で普及している教育法です。そして、ケースメソッド学習は、スクールリーダーが自らの経験と知恵を組み込みながら討議を通して意思決定能力を高める有力な教育法です。

　筆者は、平成22（2010）年に大学と教育委員会連携の「スクールリーダー・セミナー」で取り組んで以来、夜間大学院授業「大阪の学校づくり」、各地の教育委員会のスクールリーダー研修会で実践してきました。このケースメソッド学習は、一連の学習を積み重ねることで確かな教育効果が見えてきます。この点について理解いただくことを目的に、ケースメソッド学習の基礎、ケース教材、スクールリーダーの学びについて、

第1節　スクールリーダー教育とケースメソッド

初心者にもわかりやすく解説します。そして、大阪教育大学が大阪府教育委員会及び大阪市教育委員会と連携・協力して取り組んだ「スクールリーダー・セミナー 2010」の実践の内容・過程・成果についても述べたいと思います[1]。併せて、ケース教材の一つとして「新任教師の育成」を付記します。つまり本稿は、ケースメソッド学習法に公式的に取り組んだフロンティアの実践記録といえます。

2　スクールリーダー教育の取組

　スクールリーダー教育はここ10数年間多様な取組が試みられてきました。大学院では、スクールリーダー関係の専攻・コースが、岡山大学大学院、兵庫教育大学大学院、千葉大学大学院、筑波大学大学院、大阪教育大学大学院、九州大学大学院の6大学院で設置されました。その後、教職大学院の設置に伴い、その一部に組み込まれて再編されました。

　また、文部科学省は「学校組織マネジメント研修」プログラムを平成17（2005）年に開発し、実践的テキストを作成し普及を図ってきました。その研修内容・方法は、受講者が自校の学校経営についてKJ法、SWOT分析法、目標管理法などを用いて実態分析を行い、学校改善プランを作成することを基本に、それを持ち寄ってグループワークを行う方法です。筑波の教員研修センター（現在は独立行政法人教職員支援機構）は、地方の幹部教員対象の中央研修を開催し、ここで学ばれた「学校組織マネジメント研修」の内容・方法が地方の教育センターで部分的に導入され、校長・教頭研修、ミドルリーダー研修、事務職員研修などで活用されています。

　大学・大学院が教育委員会と連携してスクールリーダー研修を開催することも全国各地で試みられています。代表的な研修を挙げると、兵庫教育大学の新任教頭・指導主事対象の「ニューリーダー特別研修」、九州大学の「スクールリーダー研修」、北海道大学の「スクールリーダーシッ

プ研修プログラム」などがあります。

　こうしたスクールリーダー教育では、講義とともに事例演習、改善プランの作成、ワークシート学習などを用いて実践的な教育が展開されています。けれども、ケースメソッドについてみると、ほとんど実践はみられませんでした。

第2節 ◆ ケースメソッド学習の特徴

　ケースメソッドは、竹内伸一によれば「ケース教材をもとに、参加者相互に討議することで学ばせる授業方法」と定義されています。英文では、"case method"、"case method of instruction"、"case method of teaching"、"case-based learning" などと表記されますが、「ケース討議法」と訳せます。

　ケースメソッドでは、学習者が討議用に作成されたケース教材を読み解いて、直面する経営問題に対してその「当事者」ならばどのような意思決定（総合的判断）を行うのか、誰に何を働きかけるのか、その根拠は何かを示すことが基本となります。この学習は一般的に、＜状況分析→問題発見→問題分析→問題解決＞の流れで行われます。

　ケースメソッド学習の形態は、＜個人学習、グループ討議、クラス討議＞（individual reading、group discussion、class discussion）の三段階を経ます。個人学習に続いて、討議はグループ別に行われた後で、クラス全体で改めて行われます。参加者はこの討議で自分の意見を発表し、他者の意見を傾聴し、講師のリードで思考が刺激される中で、自らの意思決定の内容や根拠をより明確にし修正するなど、変化に富む学習を進めていきます。つまり、ケースについて意思決定する過程で、自らの経験や知見が反映され、他者の多様な判断や考え方と出会い相互作用

する中で、知的な「化学反応」が起きるのです。高木晴夫はこのことを「知的導火線」と呼んで重視しています。このことは、新たな発想や考え方につながる「飛躍、転換」の契機があり、思考パターンやくせに気付き、自らを振り返る機会となります。

ケースメソッドは参加者が主体となって学習を進めますが、全体の学習を枠付け促進するのはケースリーダーです。ケースリーダーはケースメソッド学習のプロセス全体を見通して参加者に助言するとともに、クラス討議ではディスカッションリーダーとして参加者の意見を板書しながら交通整理し、討議をファシリテート（促進）する役割を担います。そのため、ケースリーダーはケースメソッド授業（クラス討議）の準備と運営に多くのエネルギーを注ぐのです。

ケースメソッドを重視するビジネススクール（MBA）では、2年間で300〜700のケース教材を取り上げて学習を積み重ねていきます。この経営問題の「疑似体験」学習と集団討議による相互作用を通して、学習者は経営の現実を理解し問題解決する能力、特に分析力、構想力、判断力など意思決定能力を培うことができるとされます。

ケースメソッドは先述のとおり、HBSで1930年代に開発され、MBAで導入され、改善されている教育法で、日本では慶應義塾大学、一橋大学、小樽商科大学などのビジネススクールで重視されています。近年になって医療、看護、福祉、そして教育の分野で実践力育成の教育法として注目され、導入されてきました。

第3節 ❖ ケースメソッドとの出会い

ケースメソッドはケース教材、学習集団、ディスカッションリーダーの3要素が絡み合って展開される複雑な教育活動です。これを支えるの

がケースメソッドの教授法・学習法です。ケースメソッドは魅力的で有効な教育法ですが、スクールリーダー教育では本格的に導入されてきませんでした。その理由は、気楽にやってみようとはならないからです。ビジネススクールでは日常的にケースメソッドが実践され、大学院生は２年間にわたって学習体験を積み重ねます。ビジネスケースは教授や専門のケースライターによって作成され、数千も蓄積されています。担当教授がディスカッションリーダーの豊富な経験をもっているのは当然としても、ケースメソッド教授法をケースメソッドで学ぶ授業が慶應義塾大学には開設されています。

　ところが、スクールリーダー教育ではケースメソッド実践、学習体験、ケース教材、ディスカッションリーダーのいずれにおいても手掛かりが乏しいのです。教育関係に視野を広げてみると、奈良教育大学の安藤輝次（現在、関西大学）、流通科学大学の西尾範博、広島大学の丸山恭司、千葉大学の岡田加奈子、西部文理大学の水野由香里の各氏が教員研修や大学の授業で実践しており、スクールリーダー教育では、筑波大学の佐野享子、兵庫教育大学の浅野良一、九州大学の元兼正浩の各氏が関心を示してきました（※全て所属・肩書は実践当時）。

　そして、大阪教育大学スクールリーダー・プロジェクトが教育委員会と連携・協力して企画運営した「スクールリーダー・セミナー2010」は、筆者がケースメソッド学習法に本格的に取り組む第一歩となりました。その後、日本教育経営学会実践推進委員会（代表・牛渡淳、リーダー・元兼正浩）が九州圏の教育センターと連携しながら組織的に取り組み、『次世代スクールリーダーのためのケースメソッド入門』（花書院、2014年）に結実させました。

　ケースメソッドによるスクールリーダー教育を考える時、筆者に実践的指針を与え、第一歩を踏み出す後押しをしてくれたのは、次の３冊でした。
・石田英夫・大久保隆弘・星野裕志編著『ケース・メソッド入門』慶應

義塾大学出版会、2007年

・高木晴夫・竹内伸一著『実践！ 日本型ケースメソッド教育』ダイヤ
　モンド社、2006年

・百海正一著『ケースメソッドによる学習』学文社、2009年

　特に『ケース・メソッド入門』は、「ケースメソッドは楽しい・効果
的・初心者が気軽に取り組める」という編集方針を掲げ、興味深いケー
スが数多く掲載されています。慶應義塾大学を退職した石田英夫らが九
州の地で「ケース・メソッド研究会」を立ち上げ、同学の人々とケース
による実践とケース作成の実践を重ねていかれています。このことは大
変参考となり、挑戦意欲をかき立てられました。

　さて、スクールリーダー・セミナーを企画実施し、セミナー参加者か
ら最終レポートを受け取り振り返りを行った上で、ケースメソッド導入
における三つの壁を次のように受け止めています[2]。

　第一に、スクールリーダーに適したケース教材を作成することは思う
ほど難しいことではないということ。校長・教頭やミドルリーダーが日
頃体験している経営問題を素材として、2000字程度にまとめるのはど
うでしょうか。ミニケースからはじめて本格的なケース（6000字以上）
を作成することをおすすめします。

　第二に、ケースメソッドを実施する場は、大学・大学院の授業でもいい
ですが、スクールリーダー教育を考えるには、同学の人々や学習意欲をも
つスクールリーダーに呼びかけて研究会をもつのがよいということです。

　第三に、ディスカッションリーダーは、先達が行う授業を観察し、ビ
デオ視聴することで学ぶことができること。竹内伸一他著『ケースメ
ソッド教授法入門』は、ケース授業を編集したDVDが2枚が付けられ
た貴重本です。

　ケースメソッド導入の壁は低いものではありませんが、乗り越えられ
るものです。起点とすべきは、ケースメソッドを担う人々が互いに学ぶ
機会をもつことです。

第8章　ケースメソッド学習法

第4節 ❖ ケースメソッドの学習過程

　NHKテレビ「白熱教室JAPAN」（平成23（2011）年2月）では、ケースメソッド授業が4回連続で放映されました。第一人者である高木晴夫教授がディスカッションリーダーとなり、慶應義塾大学ビジネススクール（KBS）の大学院生数十名が五つのケース教材を基にクラス討議を進めます。そこでは会社のリーダーとしてある問題状況で「自分ならばどのように考え決断するか」をめぐって討議が重ねられます。会社員として組織人としてだけでなく、人間のキャリア選択、生き方にまで迫る「奥行きと広がり」をもち、編集された毎回の60分間が豊かな内容でした。大学院生が2年間のケースメソッド学習を重ねて、「学びの共同体」が深まり、高木教授と院生との息もぴったりだったと推察されます。

　ケースメソッド（ケース討議法）は、定式化された理論と技法に基づいて、①ケースリーダー（ディスカッションリーダー）、②ケース教材、③学習者集団の3要素が織りなす複雑な学習・教授過程です。これに④学習の場・条件を加えると教育内容・方法・形態の全体像がつかめます。

　ケースメソッド学習の形態・段階は、先述のとおり＜個人学習、グループ討議、クラス討議＞（individual reading、group discussion、class discussion）の三段階を経ます。スクールリーダー・セミナーでは第四の段階として、最終レポートの作成を組み込んでいます。これについて整理すると表1のようになります[3]。

　なお、机の配置はケースメソッド特有の工夫が必要です。セミナーでは、大教室を二～三つ使用することになりました。そのため、A．講義式、B．グループ討議：島型、C．クラス討議：馬蹄型の3種を使い分けました（図1）。少人数（6～10名）が使える演習室があれば、グルー

第4節　ケースメソッドの学習過程

表1　ケースメソッド学習の形態・段階

❶個人学習

参加者は、前もって配布されたケースを読み込み、事前課題レポートを作成する。

・当事者としてケースの経営問題を把握し、どのような意思決定をするかを考える。
・ケースに付された「設問」を意識して、ケースを読む。
・自分の考えをメモして、レポートにまとめる。

❷グループ討議

グループ（6名程度）に分かれて、お互いの分析を検討する。

・個人学習の成果を持ち寄り、グループで議論する。
・ケースを多様な角度から分析していく場となる。

❸クラス討議

参加者全員が集合して、講師がリードしながらクラスで討議を行う。

・参加者は自分の考えや意見を述べる。
・参加者は他者の考えや意見に耳を傾ける。
・講師はディスカッションリーダーとなって参加者の自主的討議を誘導する。

❹レポート作成

参加者は各自の学習のまとめと振り返りを行う。

・学習体験を文章化し、まとめと振り返りをしっかり行う。

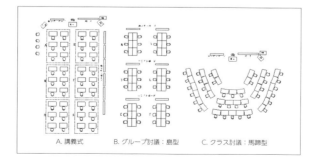

A. 講義式　　B. グループ討議：島型　　C. クラス討議：馬蹄型

図1　ケースメソッド学習での机配置

第8章　ケースメソッド学習法

プ討議に適しています。

　時間配分については、KBSでは、個人学習、グループ討議、クラス討議をそれぞれ180分、90分、90分として、1ケースに6時間とり、1日2ケース扱うので、計12時間かけます。スクールリーダー・セミナーでは、120分、40～60分、60～90分を目安にプログラムを構成しました。また、個人レポートの作成を重視し、毎回事前課題レポートをA4判1枚にまとめて、討議に参加してもらいました。セミナー全4回終了後には、自己の学びを振り返るレポートをA4判1枚（45字×50行）にまとめてもらいました。これは第10回スクールリーダー・フォーラム報告書『スクールリーダーの実践力育成』（2011）に掲載され、一人一人の学びの姿と特徴が読み取れます。

第5節 ◆ スクールリーダー・セミナーの組み立て

　筆者らは、大学と教育委員会（大阪府および大阪市）連携事業として「スクールリーダー・フォーラム」（SLF）を平成14（2002）年度以降毎年度実施してきました。スクールリーダー・セミナーは第10回フォーラムの一環として企画運営されました。そのため、例年と同じくフォーラム企画会議を立ち上げ、毎月1回の定例会議を計8回行いました。企画会議の構成メンバーは、大阪教育大学2名、大阪府教育委員会3名、大阪市教育委員会3名の計8名で、3組織の合意形成と意思決定の場として動かしました。ここでセミナーの目的、プログラム作成、参加者募集・広報活動、報告書作成など、企画運営と実務作業に関わる基本事項が検討されました。新たにケースメソッド学習に取り組むということで、最も論点になったのがプログラム作成で、ケースメソッドの3要素であるケースリーダー、ケース教材、学習者集団をどのように組み立てるか

でした。

　ケースリーダーは、経験豊富な佐野享子（筑波大学大学院）、竹内伸一（慶應義塾大学大学院）（※いずれも実践当時）の２氏に依頼し、筆者も取り組むこととしました。この人選と関わって、ケース教材の選定が難しく、多様な視点から論議されました。最終的に、第１回は「学校評価委員会」、第２回「ベンチャー電子工業KK」、第３回「浜崎高校の学校改革」となりました。第２回にビジネスケースを取り上げたのは、スクールケースの範型として学ぶことが必要不可欠との判断からでした[4]。

　このセミナーの日程は、多忙なスクールリーダーが参加しやすいことを第一義として、７月から11月にかけて月１回土曜日午後（13：30〜17：30）に開催をすることとし、第４回は第10回フォーラムと兼ねて一般公開とするため、全日開催としました。

　セミナーの参加対象者は「学校づくりの中核を担う教職員」であるスクールリーダーとしました。具体的には、各種主任、首席（主幹教諭）、指導教諭、教頭、校長、指導主事です。そして、受講条件として、①ケース教材を読んで、自らの意見をまとめ、ケース討議に主体的に参加できること、②校種・職位を超えて、互いに学び合う姿勢をもっていること、③全４回のセミナーに出席できることを明記しました。また、受講料は無料で、テキストとして『ケース・メソッド入門』『日本型ケースメソッド教育』の２冊（約6000円）を指定しました。このセミナーは定員24名とし、少数精鋭の受講者を集める方針で臨みました。受講者が各々の校種や地域においてケースメソッドの先導役を担ってくれることを期待したのです。

　ケースメソッドというなじみのないセミナーのために広報活動に力を入れ、大学HP掲載、教育委員会から各学校へメール案内、そして案内パンフレット5000部の作成配布を行いました。このセミナーのパンフレット冒頭に掲げたスクールリーダーへのよびかけ文は次のとおりです。

191

第8章　ケースメソッド学習法

◇学習するスクールリーダーへ◇

　大学と教育委員会は「連携協力の協定書」に基づいて、学校を支援しスクールリーダーの「学びの場」を創り出すために、スクールリーダー・フォーラム（SLF）を開催してきました。第10回となる今回は、スクールリーダーの実践力を育成するために、ビジネススクール（MBA）で普及している「ケースメソッド教育」を体験するセミナーを開催します。

　「ケースメソッド教育」は、実際の出来事を記述したケース教材を元に、自らが当事者ならばどのように意思決定するかをまとめた上で、集団で討議を重ねる手法です。経営の意思決定プロセスを「疑似体験」することを通して、自らの考えを広げたり深めたりして、総合的な実践力と判断力を養おうとするものです。そこでは、セミナー参加者の経験と知見が重要な意味を持ち、講師がリードするクラス討議を通して実践的に学び合うのです。

　「プロ」のスクールリーダーを志すあなたに、このセミナーへの参加を呼びかけます。「ケースメソッド教育入門」を通してスクールリーダー教育を体験し、次世代のスクールリーダー育成に貢献してみませんか。

　ケースメソッド入門セミナーへの期待は大きく、締切り日までに定員をはるかに超える36名の受講申込がありました。主催者はこの反響に励まされ、セミナーの運営規模ぎりぎりであるものの全員を受け入れることとしました。

第6節 ❖ スクールリーダーの学び

　スクールリーダー・セミナーの参加者36名の内訳は、職位別では校長6、教頭10、首席・指導教諭8、各種主任・教諭6、大学1、指導主事5であり、校種別では小学校11、中学校4、高校12、（特別）支援

学校3、大学1、教育委員会5でした。年齢別では40代後半から50代が大半でしたが、30代も少数参加していました。この多種多様な参加者が出会い交流できるように、毎回異なるグルーピングを行いました。

ケースメソッド学習について基礎知識は得ていても、はじめて取り組む参加者がほとんどでした。第1回、第2回、第3回と毎月1回のペースで、個人学習・シート作成、グループ討議、クラス討議と学習を重ねました。戸惑いや認識のずれを修正しながら、次第に学習に慣れ、発言も増えて、グループ討議、クラス討議が活発になり、熱気を帯びるようになりました。企画運営者として、手応えを感じられました。

スクールリーダーがケースメソッド学習を通してどのような学びを重ねていったのか、「化学反応」がいかに起きたのか、「知的導火線」に火がついたのかは、ケースメソッド学習の肝に関する部分です。ここでは、参加者自身のレポートから一部抜粋する形で、その一端を紹介したいと思います[5]。

◆　これまでの研修は、新しい知識や正解を学ぶことがほとんどであった。会議においてもより良い解決策が求められていた。このケースメソッドは、今までの研修とは明らかな違いがあった。当初は、ケースをケーススタディのように捉えてしまったため戸惑いを感じることもあった。しかし、グループ討議やクラス討議を体験し、講師の方の講義を受けてケーススタディとの大きな違いを体感するとともに理解することができ、多くのことを学ぶことができた。このセミナーを受講することで自分の殻を破り、思考の広がり深まりを自覚することができたのは、私にとって大きな収穫である。(MH)

◆　ケース教材は、生の現実を相手に、様々な場面を想定しながら思考を収斂させていく。その際、相手の意見を最大限尊重しながら、常に建設的、前向きに対応することを了解事項として設定している。これは自分の固い殻を一旦壊し、思考の回路を柔軟にすることと、手助けしてくれる多くの

第8章　ケースメソッド学習法

仲間の意見を建設的に引き出す効果を副次的に与えるものである。（MN）

◆　ケースメソッド教育を体験して、3点の学ぶ楽しさを実感した。1つ目は、ケースに向かい合う楽しさ。2つ目は、グループ討議の楽しさ。3つ目は、クラス討議の楽しさである。（中略）最後の3つ目では、全体討議において「知らないことを知る。」「自分の視野が開かれる。」という楽しさを感じた。校種・職種・勤務地の違う人たちから、様々な考え方が聞けた。勤務地が違うと、学校教育の推進方法がずいぶん変わってくる。今までの自分の中では考えもしない方法や苦労に驚き、視野も広げられた。グループ討議では終わらずに、全体討議に広げることの意義を感じた。また、様々な意見を聞きながら、学習を振り返ることで、自分の考えを再び整理し、まとめることができた。（MO）

◆　セミナーを通して、ケースに書かれた限定的な情報から推察して行間を読みとり、自分の知識や経験を総動員して、より適切な判断を下す学習にのめり込んでいきました。特に、討議では、他の参加者の多様な視点からの意見に圧倒されたり、自分の意見が他の方に追認されて意を強くするなど、ダイナミックな力学の中で学ぶことができました。（KI）

　スクールリーダーが、職種・職位、校種、地域の違いを超えて、ケース教材を手掛かりに自らの意思決定を出し合い、交流する中で、相互の意思決定やその考え方がぶつかり合い、せめぎ合いながら、内容を深めていく。その学習体験を通して、自らの殻を破る機会になることもみられました。一人一人の参加者が学びの広がりと深まりを体験する貴重な機会となったのです。

　竹内伸一は、ケースメソッド教育で養う能力を、①自律的に職務を遂行する力、②人とつながる力、③人を束ね、方向付ける力の三つに要約しています[6]。スクールリーダー・セミナー参加者はケースメソッド学

習の四段階において、読む、考える、書く、発表する、聞く、討議する、まとめ板書する、文書作成するなど多様な活動を行い、参加者同士、参加者と講師の相互作用がなされました。この複雑な学習プロセスを通して、意思決定能力だけでなく人間力を培うことにつながると考えます。

[注]
1) 本稿は「スクールリーダーのケースメソッド学習」『教職研修』2011年4月号・5月号掲載の論稿を元に再構成し、『ケースメソッド入門』(冊子版、2011年)に掲載された論稿を、2019年時点で補訂したものである。
2) スクール・セミナーに関する論稿は以下を参照。第10回スクールリーダー・フォーラム報告『スクールリーダーの実践力育成─ケースメソッド学習入門』大阪教育大学・大阪府教育委員会・大阪市教育委員会合同プロジェクト、2011年。大阪教育大学スクールリーダー・プロジェクト(SLP)『ケースメソッド入門』2011年。大脇康弘、竹内伸一、佐野享子「連載:ケースメソッド研究事始め─新たなスクールリーダー育成法─」『月刊高校教育』2011年4月～2012年3月。
3) スクールリーダー・セミナーのケースメソッド学習では、目的・内容・形態において創意工夫を行った。
4) ケース教材と解説については、前掲の連載を参照。
5) 前掲書『スクールリーダーの実践力育成─ケースメソッド学習入門』。
6) 竹内伸一『ケースメソッド教授法入門』慶應義塾大学出版会、2010年。

[主要参考文献]
・石田英夫・大久保隆弘・星野裕志編著『ケース・メソッド入門』慶應義塾大学出版会、2007年
・ウィリアム・エレット著、斎藤聖美訳『入門ケース・メソッド学習法』ダイヤモンド社、2010年
・大阪教育大学スクールリーダー・プロジェクト(SLP)『ケースメソッド入門』2011年(大脇康弘「スクールリーダーのケースメソッド学習」)
・大脇康弘、竹内伸一、佐野享子「連載:ケースメソッド研究事始め─新たなスクールリーダー育成法─」『月刊高校教育』2011年4月～2012年3月
・岡田加奈子・竹鼻ゆかり著、竹内伸一編集『教師のためのケースメソッド教育』少年写真新聞社、2011年
・小樽商科大学ビジネススクール編『MBAのためのケース分析』同文舘出版、

2010年
・バーンズ・クリステンセン・ハンセン編著、高木晴夫訳『ケース・メソッド教授法』ダイヤモンド社、2010年
・第10回スクールリーダーフォーラム報告『スクールリーダーの実践力育成―ケースメソッド学習入門』大阪教育大学・大阪府教育委員会・大阪市教育委員会合同プロジェクト、2011年
・高木晴夫・竹内伸一著『実践！ 日本型ケースメソッド教育』ダイヤモンド社、2006年
・竹内伸一『ケースメソッド教授法入門』慶應義塾大学出版会、2010年
・東北大学経営学グループ著『ケースに学ぶ経営学』有斐閣、2008年
・牛渡淳・元兼正浩編、日本教育経営学会実践推進委員会『次世代スクールリーダーのためのケースメソッド入門』花書院、2014年
・百海正一著『ケースメソッドによる学習』学文社、2009年
・一橋ビジネスレビュー編集部編『ビジネス・ケースブック2』東洋経済新報社、2003年
・福澤英弘著『人材開発マネジメントブック』日本経済新聞出版社、2009年

● 「スクールケース」作成ガイドライン

　ケースメソッドは、ケース教材、学習集団、ディスカッション・リーダーの三要素が支え合って展開します。特に、ケース教材の内容が適切で深く考えられれば、学習は促進されます。

　筆者は、スクールリーダー・フォーラムでケースメソッドに取り組んで以来、現職教員の協力を得てケース教材の開発に取り組んできました。これまで作成したケース教材は、夜間大学院の授業、教育委員会・教育センター主催の研修会、校長会・教頭会主催の研修会などで複数回取り組んで、必要な校訂を行い確定してきました。

　「スクールケース」の作成においては、ビジネス・ケースと比べて、特別な配慮を必要とすることから、「スクールケース」作成ガイドラインを次のように定めています。後掲するケース教材「新任教師育成」は、このガイドラインに準拠して作成したものです。

2010.8.11
「スクールケース」作成ガイドライン
スクールリーダー・フォーラム事務局

ビジネス・ケース作成の基本要件は次の三点である。
１．研修教材として、コンセプトとストーリーを持つこと。
２．具体的な事例に即して作成されていること。
３．関係組織の承諾を得ていること。
スクールケースの場合、上記の三点をそのまま踏まえることは、難しい。個人情報保護の視点、ケース記述をめぐるトラブルを回避するために、暫定的に次のようなガイドラインを定め、ケース作成を進めていくことにする。
１．研修教材として、コンセプトとストーリーを持つこと。
２．具体的な事例を踏まえることを基本に、当該校や関係者について加工を施すことを認める。学校名や関係者の名前を仮称すること、いくつかの事項を書き換えることは必要な配慮として認められる。
３．複数の事例を踏まえて、架空のケースを作成することについて、その意義と限界を検討しつつ取り組んでいく。
４．関係組織には、必要な承諾を得ることを基本とする。ただし、仮想されたケースについては、その限りでない。

第8章　ケースメソッド学習法

●ケース教材：新任教師育成

新任教師の学級崩壊をめぐる組織対応

＜概　要＞

　北山小学校５年Ｂ組は、新任の本田教諭が担任となってスタートしましたが、５月になると担任の話を聞かない児童が数名みられ、学級の雰囲気も落ち着かない感じが出てきました。それをみて、初任者指導担当教諭は本田教諭に学級指導の在り方を具体的に指導するとともに、校長・教頭に相談して、組織的に対応するようになったのですが……。

1　学校の概要

　北山小学校は、全校26学級（通常学級22学級、特別支援学級４学級）、児童数約700名の大規模な学校です。校区は、都市部にあって商工業地域と大規模集合住宅があり、多様な職業・階層から構成されています。学校は全体として落ち着いていますが、いじめ、非行、不登校などの生徒指導事案を抱えており、DVや虐待等の要支援児童も在籍しています。

　教師数は40名で、内訳は50代８名（校長・教頭を含む）、40代５名、30代14名、20代12名、60代１名（再任用）です。20代、30代が６割を占め、40代が少ない状況です。教師の世代交代が進む中で、毎年度２～４名の新規採用教師が配属されています。

　今年度も新任教師が４名赴任し、２年、３年、４年、５年の学級担任となりました。この学校では、毎年度学級編成を行い担任配置を行うのを原則としていますが、５年・６年のみは持ち上がりとなっています。これは、６年生の６月にある修学旅行に備えるためであり、学校のリーダー学年を育てるためです。

　新任教諭の中で、５年担任となったのは、本田教諭です。この学年は

４年生まで落ち着いた学年であり、彼がバスケットボール部に所属した
スポーツマンであったことから、期待を込めての人事配置でした。

2　5年Ｂ組の学級経営

　本田教諭は、高学年の学級担任を任されて、児童の自主性を尊重した
学級づくりを進めようとしました。教師ができるだけ指示や方向付けし
ないようにして、児童たちが自主的に考え判断するようにしました。年
度当初の４月には児童は本田教諭の指導に従っていましたが、５月頃か
ら次第に本田教諭の言うことを聞かないで、時には反抗的な態度をとる
児童が現れてきました。本田教諭はそうした児童にとまどいつつも、ど
うしたらいいのか悩むようになりました。

　5学年団の教師構成は、50代女性のＯ教諭、40代男性のＰ教諭、新
任の本田教諭でした。Ｏ教諭は、前年度は家庭の事情から学級担任を離
れ、専科教諭として役割を担っていました。今年度久しぶりの高学年担
任・学年主任となり、新任教諭を迎えることもあって、責任の大きさを
感じていました。Ｐ教諭は、２年続けての5学年担任となりましたが、
前年度は学級経営がうまくいかず、再起をかけるスタートであり、自分
のことで精一杯でした。

　本田教諭は、どちらかというと、活発に他者とコミュニケーションを
取るタイプではなく、学年団の教師に積極的に質問をしたり、自ら進ん
で仕事を引き受けたりすることは少ない方でした。また、同学年の教諭
に報告・連絡・相談（報連相）をしなければならない事案について、１
人で抱え込む傾向がみられました。こうして、Ｏ教諭、Ｐ教諭ともに、
本田教諭との関わりが薄くなっていきました。

3　本田教諭への指導・支援

　さて、5年B組の学級経営がうまくいっていない様子を見て、初任者指導担当教諭と生徒指導担当教諭（特別加配、専任）が学級に入り、授業参観をして具体的にアドバイスしました。校長と教頭も危機予防の点から積極的に関わりをもちました。特に、児童に対して「どちらでもいい」「やってもやらなくてもいい」というような対応は良くないとし、具体的に分かりやすく指示することを指導しました。

　6～7月になると、県のスーパーティーチャーを招いて、授業参観を通してアドバイスをもらいました。また、市の教育センターから指導主事を招いて、授業について具体的なアドバイスを得ました。

　しかし、本田教諭は、学級で子供たちとうまくいかないことに加えて、職員室でも打ち解けて話せる教師がいないことから、モチベーションは上がらず、たびたび指導されたことについて理解するのが精一杯で、指導方法の改善にまでいかない、まずは取り組んでみようというより、どうしたらいいのか迷う日々でした。

　1学期末になると、学級担任に反発する数名の児童があり、学級がざわざわした感じが目立つようになりました。

　そこで、生徒指導担当教諭が夏季休業中に本田教諭に学級づくり、生徒指導について細かく指導を行いました。そして、9月の始業式に学級をリセットし、再スタートを切ることとしました。2学期に入ると、運動会、音楽会、自然学校（4泊5日の宿泊行事）と大きな行事が続くので、行事を通して学級の絆を深めていこうと、子供たちとの対話を大切にする方向で指導を行いました。しかし、行事を進めるごとに、子供たち同士、特に男女間のもめ事が多くなり、いじめ事案も発生するようになりました。

ケース教材：新任教師育成

　この頃から保護者からの苦情や相談が複数出るようになり、教頭、校長が保護者対応をすることも出てきました。

　そこで、管理職が中心となり、1日数時間ずつ複数指導に入る体制を整えました。学年団の教師にも協力を求めたが、学年教師の反応は冷ややかで、管理職が対応するものといった雰囲気が漂っていました。実際に、5学年の担任教師はそれぞれの学級を離れることは難しく、学年会での打合せはきめ細かに行っていたものの、授業をのぞいたり、声かけすることは少ないという状況でした。

　自然学校終了直後（11月末）には、「5年B組保護者会」を開催し、校長、教頭、生徒指導担当教師、学年教師3名が出席して、学級の実態報告と、今後の複数指導体制、保護者の協力について説明し協力をお願いしました。

　その後、12月には、多くの教師（学年教師、初任者指導担当教師、生徒指導担当教師、教頭、校長）や保護者が学級に出入りするようになりました。これによって、児童は学習に向かうことができるようになりましたが、一方で、児童のやる気は低下していきました。つまり、入れ替わり立ち替わり教師が学級に入って、児童にいろいろな指導を行うことで、子供たちの自主性や積極性が低下し、自信を失っていきました。担任である本田教諭と児童との信頼関係も取り戻すことは難しかったのです。

4　村田校長としての反省

　北山小学校は、これまで、10年近くにわたって、毎年、1ないし2クラスが学級として機能しない状態に陥っていました。そのため、学校として学級崩壊を起こさないよう早期対応することを心掛けていました。校長・教頭は危険因子に気付いて危機意識をもち、率先して早めから指導するとともに、関係機関等を活用し、指導を得てきました。残念

第8章　ケースメソッド学習法

ながら、本田教諭の指導改善には至らず、子供たちや保護者からも信頼を失う形となりました。

　北山小学校に、職員皆で若手教師を育てるという風土がなかったことも要因の一つだったと考えられます。学級が機能しなくなるのは、その担任の問題であって、最終的には管理職が責任を負うという暗黙の空気がありました。また、新任教諭に対して、「できなくて当たり前」「言われたとおりにはできない」という雰囲気がなく、新任教諭に対して積極的に指導し、指導されたことを実行しないのは問題だとみなされていたのです。

　村田校長は、次年度に向けて学年団の編成と本田教諭への指導体制をどのように行うべきか、頭を巡らしています。

ケース教材：新任教師育成

＜設　問＞

この事例について、当事者として具体的に考えてみてください。

＊当事者になって、状況を理解し、選択肢や方策を考えてみてください。正解はありません。

あなたが北山小学校の「村田校長」であったならば、どのように考え、どのように行動しますか。

1　本田教諭の意識と行動の特性を踏まえた上で、どのように関わりますか。

2　学級崩壊が改善されない状況で、どのような方策を打ちますか。

［付記］

　このケースは現職教師PYが事例案を執筆し、筆者がそれを再構成して作成しました。ケースは学校経営や指導体制の適切・不適切を例示しようとするものではありません（2017年作成）。

　このケース教材を用いて、どのように学習を進めていくか、以下に検討を加えます。

　ケースメソッドの学習過程は、個人学習、グループ討議、クラス討議、レポート作成の四段階を経ます。ケースメソッドは単発で行うのではなく、複数回取り組むことで、学習集団が形成され、討議が活発になり、学びは深まってきます。初回はぎこちないやり取りで違和感を感じることもありますが、回を重ねるごとに発言と傾聴のコツをつかみ、学習の

203

流れが理解できて、学習者相互の討議、ディスカッション・リーダーとのやり取りもなめらかになり、知的な「化学反応」が起きるまでに学びは急速に深まっていきます。

　ケース教材「新任教師育成」を用いて、ケースメソッド学習を進める時には、次の点に配慮しましょう。

①個人学習

・当事者である「村田校長」の立場に立って考えることが基本です。

・これまでの取組とその結果を見定めて、今後「取り得る」選択肢を考えます。

・実際の「打ち手」の内容と流れを決定して、その理由をまとめます。

　新任教師本田教諭の学級経営に対して、その時々で取り得る助言、指導、支援が組織的になされましたが、学級経営の状況が好転することはなく、本田教諭の指導は改善されないままで、混迷の中にあります。この1年間の取組を踏まえて、新年度の6年生の学年団の編成をどのようにするのか、本田教諭をどのように配置し、指導体制を構築するのかが問われています。5年6年と担任が持ち上がる体制をやめて、担任団の再編成、学年のクラス再編成を行うとすれば、スクールリーダーの意思疎通、保護者への説明の仕方など、学校全体を目配りした対応が必要不可欠です。また、自信を喪失し、混迷の中にある本田教諭の処遇、指導の在り方を見通す必要があります。

②グループ討議

・学習者は自らの意見を開示して説明します。

・他者の意見を傾聴します。

・グループで意見を集約したり、全体をまとめたりすることはしません。

　この段階では、自己の意見を明確にして、他者のそれとの違いを明確にすることが必要です。問題状況の捉え方、次の「打ち手」は多様であり、それぞれに根拠があることを理解します。このことは自己の思考の特徴や偏りに気付くことにもなります。

③クラス討議

・ディスカッション・リーダーの促しによって、自分の意見や考えを提示します。

・他者の多様な意見に耳を傾け受け止めます。

・自分の意見と考えを改めてまとめます。必要な場合は、考え直します。

④レポート作成

　学習者は自己の学びを振り返りレポートにまとめます。討議とレポートを両輪にすることで、学習の整理ができます。

　なお、ケースは全般にわたって記述されていますが、曖昧な点、不明な点もあり、それらは推測して考えをまとめます。問題解決の糸口や方策はいくつか考えられます。多様な解決策を参考にしながら、自分なりの解決策を固めていきます。その解決策を関係者に説明し説得することが求められるのです。

　竹内伸一は『ケースメソッド教授法入門』（慶応義塾大学出版会、2010年）において、ケースメソッドでは「勇気、礼節、寛容」という三つの徳を大切にすべきと注意を促しています。すなわち、①発言する勇気、人とぶつかる勇気、②他者に対する礼儀や敬愛の心、③多くの立場を受け入れる度量です。これらはケースメソッド学習において基本に据えられるものであり、学習を通して拡張される人間的力量であると考えます。

編者・執筆者一覧

●編　者

大脇康弘（関西福祉科学大学教授）

●執筆者【執筆順】

大脇康弘（上掲）

末松裕基（東京学芸大学准教授）

中山大嘉俊（大阪市立堀江小学校校長）

木田哲生（堺市教育委員会指導主事）

岸田蘭子（京都市立高倉小学校校長）

文田英之（大阪市立花乃井中学校校長）

太田洋子（兵庫県伊丹市立総合教育センター所長）

田村知子（大阪教育大学連合教職大学院教授）

大野裕己（滋賀大学教職大学院教授）

上松由美子（滋賀県彦根市立城南小学校教諭）

小島靖弘（滋賀県甲賀市立信楽中学校教諭）

松岡千鶴（山口県下関市立夢が丘中学校校長）

隈元優一（兵庫県立小野工業高等学校教頭）

（掲載順・職名は執筆時現在）

●編著者プロフィール

大脇康弘（おおわき・やすひろ）
関西福祉科学大学教授、大阪教育大学名誉教授

1952年生まれ。東京教育大学卒業、筑波大学大学院博士課程中退。教育経営学・教師教育学専攻。「スクールリーダー・フォーラム事業」および「夜間大学院のスクールリーダー教育実践」で日本教育経営学会「実践研究賞」受賞（2回）、同「功労賞」受賞。編著著に『「東アジア的教師」の今』（東京学芸大学出版会）、『学校管理職の経営課題5　学校をエンパワーメントする評価』（ぎょうせい）、『学校を変える授業を創る』『学校評価を共に創る』（以上、学事出版）など。

若手教師を育てるマネジメント
──新たなライフコースを創る指導と支援──

令和元年7月10日　第1刷発行

編　著　**大脇康弘**

発　行　株式会社**ぎょうせい**

〒136-8575　東京都江東区新木場1-18-11
電　話 編集　03-6892-6508
営業　03-6892-6666
フリーコール　0120-953-431
URL：https://gyosei.jp

〈検印省略〉

印刷　ぎょうせいデジタル株式会社
乱丁・落丁本は、送料小社負担にてお取り替えいたします。

©2019　Printed in Japan　禁無断転載・複製
ISBN978-4-324-10647-1 (5108517-00-000)［略号：若手教師マネジメント］

多くの先進事例を基に、課題解決のヒントを毎月お届けします。

スクールリーダーのための12のメソッド
学校教育・実践ライブラリ 【全12巻】

2019年4月発刊開始

セット定価（本体16,200円＋税）

2019年4月から2020年3月まで毎月発行。

● カリマネ・評価・校長講話・人材育成…
日々の仕事を助けるリーダーの必読書

学校現場の？に即アプローチ！明日からの授業づくりに直結！！

新学習指導要領を踏まえた授業事例・指導案を学年ごとに掲載！

平成29年改訂
小学校教育課程実践講座【全14巻】

A5判・本文2色刷り・ 各巻定価（本体1,800円＋税）

巻構成：総則　国語　社会　算数　理科　生活　音楽　図画工作　家庭　体育　外国語活動・外国語　特別の教科 道徳　総合的な学習の時間　特別活動

平成29年改訂
中学校教育課程実践講座【全13巻】

A5判・本文2色刷り・ 各巻定価（本体1,800円＋税）

巻構成：総則　国語　社会　数学　理科　音楽　美術　保健体育　技術・家庭　外国語　特別の教科 道徳　総合的な学習の時間　特別活動

立ち読みはこちらから！

フリーコール　TEL：0120-953-431 [平日9〜17時]　FAX：0120-953-495
https://shop.gyosei.jp　ぎょうせいオンラインショップ　検索

〒136-8575　東京都江東区新木場1-18-11